# KÖNIGS ERLÄUTERUNGEN

**Band 248**

Textanalyse und Interpretation zu

**Joseph von Eichendorff**

# DAS MARMORBILD

Annette Kliewer

Alle erforderlichen Infos für Abitur, Matura, Klausur und Referat
plus Musteraufgaben mit Lösungsansätzen

**Zitierte Ausgabe:**
Eichendorff, Joseph von: *Das Marmorbild*. Stuttgart: Verlag Philipp Reclam jun., 2018 (Reclams Universalbibliothek Nr. 18539). Zitatverweise sind mit **R** gekennzeichnet.
Eichendorff, Joseph von: *Das Marmorbild*. Husum/Nordsee: Hamburger Lesehefte Verlag, 2018 (Hamburger Leseheft Nr. 209). Zitatverweise sind mit **HL** gekennzeichnet.

**Über die Autorin dieser Erläuterung:**
Dr. habil. Annette Kliewer (Jahrgang 1961), Studiendirektorin am Gymnasium im Alfred-Grosser-Schulzentrum in Bad Bergzabern mit den Fächern Deutsch, Französisch, Evangelische Religion und Ethik.

1. Auflage 2020
**ISBN: 978-3-8044-2052-6**
PDF: 978-3-8044-6052-2, EPUB: 978-3-8044-7052-1
© 2020 by Bange Verlag GmbH, 96142 Hollfeld
Alle Rechte vorbehalten!
Titelabbildung: Venus aus dem Bade, Wörlitzer Park © picture alliance / imageBROKER
Druck und Weiterverarbeitung: Tiskárna Akcent, Vimperk

# 1. DAS WICHTIGSTE AUF EINEN BLICK – SCHNELLÜBERSICHT

Das Erwachsenwerden, die erste Liebe, die Frage nach dem eigenen Platz in der Welt – das sind Themen, die in Eichendorffs Novelle *Das Marmorbild* u. a. verhandelt werden. In der Forschung hat man sich damit auf unterschiedliche Weise auseinandergesetzt. Damit sich jeder Leser in dem vorliegenden Band rasch zurechtfindet und das für ihn Wichtige gleich entdeckt, findet sich im Folgenden eine Übersicht:

Im zweiten Kapitel wird zunächst das **Leben Joseph von Eichendorffs** wiedergegeben, danach der **zeitgeschichtliche Hintergrund** und die Epoche der Romantik, in die Eichendorff eingeordnet werden kann. Schließlich werden seine wichtigsten Werke kurz vorgestellt.

⇨ S. 12 ff. → Joseph von Eichendorff lebte von **1788 bis 1857**. Geboren wurde er auf Schloss Lubowitz in **Oberschlesien**, das heute zu Polen gehört. Er war auf dem Gymnasium im Breslau (heute Wrocław). Danach studierte er Jura in Halle, dann in Wien. Er musste lange warten, bis er eine entsprechende Anstellung fand, und weil seine Familie mittlerweile verarmt war und er eine eigene Familie gegründet hatte, gab es oft finanzielle Schwierigkeiten. Er lebte schließlich in Danzig, Königsberg, Berlin und Wien.

⇨ S. 19 ff. → Eichendorff kämpfte in den **Befreiungskriegen gegen Napoleon**, der nach den Wirren der Revolutionszeit die Macht in Frankreich an sich gerissen hatte und ganz Europa erobern wollte. Diese Kriege waren zur Konsolidierung einer deutschen Nationalkultur von großer Bedeutung.

⇨ S. 22 ff. → Eichendorff ist der Literatuepoche der **Romantik** zuzuordnen. Die Romantiker wandten sich kritisch von literarischen Strömungen der Aufklärung und der Klassik ab, die ihnen vorangegangen waren. Sie strebten eine Rückbesinnung auf das deutsche Mittelalter an, orientierten sich meist an der nostalgischen Vorstellung von einer Rückkehr zum Ursprung der „Volksseele". Deshalb sammelten sie Lieder, Märchen, Sagen und Reime, die bislang nur mündlich tradiert worden waren, entwarfen aber auch neue Formen des „Kunstmärchens". Formal akzeptierten sie eine Vermischung von Formen und Gattungen und hatten einen umfassenden Ästhetikbegriff, der „hohe und niedere Literatur" miteinander vereinte.

→ Eichendorff ist vor allem **als Lyriker bekannt**, von seinen Prosatexten werden heute nur noch die Novellen *Das Marmorbild* und *Aus dem Leben eines Taugenichts* gelesen. Seine dramatischen Werke und die literaturtheoretischen Schriften sind heute nur noch Kennern ein Begriff. ⇨ S. 27 ff.

## *Das Marmorbild* – Entstehung und Quellen:

Die Novelle geht vor allem auf zwei verschiedene Motive zurück: ⇨ S. 31 ff.
→ Zum einen greift sie das **Motiv der Statuenbelebung** auf, wie es seit dem römischen Autor Ovid (43 v. – 17 n. Chr.) um den Mythos des Pygmalion zum ersten Mal in der Literatur zu finden war.

→ Zum anderen gibt es Bezüge zum **Motiv des Venusberges**, das sich schon in der *Odyssee* von Homer (8. Jh. v. Chr.) indirekt findet: Ein Mann wird von Frauen verfolgt, die seinen Untergang wollen.

Beide Motive wurden auch von anderen Autoren der Romantik verwendet, was darauf deutet, dass Veränderungen im Geschlechts-

rollenmodell um 1800 zu einer Verunsicherung der Beziehungen
zwischen Männern und Frauen führten.

### Inhalt:

⇨ S. 36 ff.

Der jugendliche Florio begegnet in der Nähe der italienischen Stadt
Lucca dem Sänger Fortunato, den er sehr verehrt. Fortunato macht
ihn mit Bianka bekannt und Florio verliebt sich in sie. In der Nacht
aber geht er vor die Stadt und findet ein Marmorbild einer Frau,
das ihn so fasziniert, dass er es am nächsten Tag sucht, an der
Stelle aber nur Ruinen findet. Florio begegnet einer schönen Frau,
die ihn an das Marmorbild erinnert. Der Ritter Donati verspricht,
ihn zu dieser Frau zu führen. Florio muss aber noch einige Tage
warten, bis Fortunato ihn zu einem Maskenball einlädt. Dort trifft
er wieder eine schöne Frau, die ihn abermals an das Bild erinnert,
gleichzeitig aber auch an Bianka und beide Frauen verschmelzen
in seiner Vorstellungswelt zu einer einzigen.

An einem der nächsten Abende gelingt es ihm, zu der schönen
Frau vorgelassen zu werden. Diese zeigt sich jetzt sehr freizügig.
Plötzlich aber hört Florio ein frommes Lied, das er aus seiner Kindheit kennt, gesungen von Fortunato. Dies führt dazu, dass er plötzlich erkennt, dass die schöne Frau nur aus Stein ist, während in
dem Raum alle Bilder und Statuen lebendig werden. Von Grauen
gepackt flieht er aus dem Schloss und zieht sich am nächsten Tag
verzweifelt zurück. Als er die Stadt verlässt, trifft er auf Fortunato,
der begleitet wird von einem Jungen. Dieser entpuppt sich als Bianka und Florio erkennt ihre Schönheit und verliebt sich erneut in
sie, während er feststellt, dass sein Erlebnis mit dem Marmorbild
nur ein Spuk gewesen war.

## Chronologie und Schauplätze:

Die Novelle folgt einer klaren Chronologie: Es findet sich eine **Abfolge von vier Tagen und Nächten**, darauf folgt ein Sprung von mehreren Tagen und sie endet mit einem Tag danach.

    Der Ort der Handlung ist die **italienische Stadt Lucca und ihre Umgebung**, vor allem ein verlassener Garten, wo Florio die Marmorstatue entdeckt, und das Landhaus von Donati.

⇨ S. 45 ff.

## Personen:

Die Hauptpersonen sind

**Florio:**
⇨ S. 51 f.
→ junger, kräftiger Mann, noch auf der Suche nach sich selbst
→ lässt sich stark von Begegnungen mit anderen Menschen beeinflussen
→ hat sein Elternhaus verlassen, um die Welt kennenzulernen
→ entdeckt dabei seine eigenen Erinnerungen und Wünsche

**Fortunato:**
⇨ S. 54 ff.
→ bekannter Sänger
→ blickt optimistisch und zuversichtlich in die Welt
→ vertritt christliche Werte
→ eine Art Mentor für Florio, er lässt ihn (auch negative) Erfahrungen machen, damit dieser schließlich selbst den rechten Weg findet

**Donati:**
⇨ S. 57 f.
→ Gegenpol zu Fortunato
→ versucht, Einfluss auf Florio zu nehmen, verführt ihn, sich auf die Venus einzulassen

⇨ S. 52 ff.

**Bianka:**
→ Florios erste Liebe
→ wird von ihm zugunsten der schönen Frau verlassen und leidet darunter
→ wird selbst nicht aktiv, wartet auf Florios Zuwendung am Ende

⇨ S. 56 f.

**Die schöne Frau/Venus:**
→ ähnelt der Marmorstatue, die Florio entdeckt hat
→ scheint gefährliche, verführerische Frau zu sein, ist aber nur eine Spukerfahrung, die sich auflöst, als Florio zu sich selbst kommt

Zwei Personengruppen stehen einander gegenüber: Fortunato und Bianka auf der einen Seite, Donati und die schöne Frau/Venus auf der anderen Seite. Florio muss sich für eine der beiden Frauen und ihre Welt entscheiden.

### Stil und Sprache:

⇨ S. 67 ff.

Die Novelle ist ein **exemplarischer Text der Romantik**, konzentriert finden sich hier die typischen Kennzeichen dieser Epoche:
→ Häufung von Epitheta (ausschmückenden Adjektiven)
→ Häufung von immer wiederkehrenden, formelhaften Motiven, vor allem: Kreise, Wasser, Musik, Garten, Reisen
Eine besonders wichtige Rolle nehmen in dieser Novelle die gliedernden **Lieder** ein, die von Fortunato, Florio und der Venus gesungen werden.

### Interpretationsansätze:

Fünf Interpretationsansätze zeigen unterschiedliche Möglichkeiten, dem Text nahezukommen. Sie setzen jeweils verschiedene Akzente:

→ **Literaturgeschichtliche Deutung:** Wie ist der Text in die     ⇨ S. 74 ff.
Epoche der Romantik einzuordnen?

→ **Poetologische Deutung:** Wie wird die Kunst im Text dargestellt,     ⇨ S. 77 ff.
wie spielt Eichendorff mit unterschiedlichen Gattungen (Novelle
und Märchen)?

→ **Religiöse Deutung:** Welche Rolle spielt der Gegensatz Christen-     ⇨ S. 81 f.
tum–Heidentum für die Deutung des Textes?

→ **Psychoanalytische Deutung:** Welche Rolle spielen Sigmund     ⇨ S. 83 ff.
Freuds Instanzen Ich, Es und Über-Ich in der Novelle?

→ **Gendertheoretische Deutung:** Welche Rolle spielen die     ⇨ S. 86 ff.
Geschlechter? Folgt ihr Verhalten bestimmten Stereotypen?

2.1 Biografie

# 2. JOSEPH VON EICHENDORFF: LEBEN UND WERK

## 2.1 Biografie

Joseph von
Eichendorff
(1788–1857)
© picture alliance / akg-images

| JAHR | ORT | EREIGNIS | ALTER |
|------|-----|----------|-------|
| 1788 | Schloss Lubowitz bei Ratibor/ Oberschlesien | Joseph Freiherr von Eichendorff wird als zweiter Sohn am 10. März auf Schloss Lubowitz in Oberschlesien in der Nähe der preußischen Stadt Ratibor geboren. Sein Vater Freiherr Adolf Theodor Rudolf von Eichendorff und seine Mutter Karoline, geb. von Kloch, haben insgesamt fünf Kinder. Eine besonders innige Verbindung hat er zu seinem älteren Bruder Wilhelm, der auch schriftstellerisch tätig ist. Zu seiner jüngeren Schwester Louise hält er lebenslang guten Kontakt. Da die Umgebung und auch die Bediensteten polnisch sprechen, spricht auch Eichendorff Polnisch wie seine Muttersprache. | |
| 1793 | Lubowitz | Unterrichtet werden die Kinder bis 1801 von dem Hofmeister Bernhard Heinke, der ein katholischer Priester war und ihm zeitlebens eine wichtige Bezugsperson blieb. | 5 |
| 1799 | Karlsbad, Dresden | In seinem Tagebuch erwähnt er eine Reise nach Karlsbad, die über Dresden führt. Besuch des Zwingers dort. Joseph ist ein eifriger Leser und Benutzer der Bibliothek in Ratibor. | 11 |
| 1801 | Lubowitz | Wegen Zahlungsunfähigkeit aufgrund risikoreicher Spekulationen wird der Vater in einem Liquidationsprozess angezeigt. Die Familie verarmt und die Söhne müssen einen Beruf finden, mit dem sie sich ernähren können. | 13 |

2.1  Biografie

| JAHR | ORT | EREIGNIS | ALTER |
|------|-----|----------|-------|
| | Breslau | Die Brüder Wilhelm und Joseph besuchen das Katholische Gymnasium in Breslau mit Unterbringung im Internat. Dies wird vom Bruder des Vaters, Johann Friedrich von Eichendorff finanziert. | 13 |
| 1803 | Breslau | Ihr Bruder Gustav stirbt und Wilhelm und Joseph verfassen ein gemeinsames Gedicht auf diese Erfahrung. Dieses wird auch veröffentlicht. Joseph interessiert sich zunehmend für das Theater. Nach Abschluss der 6. Klasse Übergang zur Universität Breslau. Propädeutische Studien an der Philosophischen Fakultät. | 15 |
| 1805 | Halle | Joseph beginnt ein Jurastudium. Die Brüder führen ein ausgiebiges Studentenleben. Sie nehmen teil an den provozierten Konflikten der Studenten mit den Bürgern, in der Studentensprache „Philister" genannt. Das Jurastudium wird zu Gunsten philosophischer Kollegs vernachlässigt. | 17 |
| 1805 | Hamburg und Harz | Bildungsreise | 17 |
| 1806 | Lubowitz | Zwischenaufenthalt nach der Niederlage Preußens gegen Napoleon bei Jena und Auerstedt. Napoleon schließt die Universität Halle. | 18 |
| 1807 | Heidelberg | Fortsetzung des Studiums. Kontakte zu Romantikern (Joseph Görres, Otto von Loeben). | 19 |
| 1808 | Paris / Regensburg, Wien | Von Heidelberg aus Bildungsreise nach Paris zusammen mit seinem Bruder Wilhelm. Ab Mai über Regensburg, Wien ohne Studienabschluss nach Lubowitz zurück. | 20 |

2.1  Biografie

| JAHR | ORT | EREIGNIS | ALTER |
|---|---|---|---|
| **Ab 1808** | Lubowitz | Tätigkeit auf den väterlichen Gütern. Völliger wirtschaftlicher Niedergang. Der Konkurs wird bis 1817 aufgeschoben, indem ein Moratorium abgeschlossen wird. Danach werden alle Besitzungen verloren bis auf das Lehngut Sedlnitz in Mähren, das Eichendorff verwaltet, wobei der geringe Gewinn aber mit seinem Bruder und Schwager geteilt werden muss. Entstehung des Märchens *Die Zauberei im Herbste*, das als Vorstudie zu *Das Marmorbild* gelesen werden kann. | 20 |
| **1809** | Berlin | Häufiger Gast im Hause des Philosophen Adam Müller. Bekanntschaft mit Arnim, Brentano und Kleist. Aufnahme in Berliner Salons (Sophia Sanders). Gegen den Wunsch der Eltern, die eine Heirat mit der reichen Gräfin von Hoverden anstrebten, verlobt sich Eichendorff mit Aloysia Anna Viktoria von Larisch (Luise), einer unvermögenden Landadligen. | 21 |
| **1810** | Lubowitz/ Wien | Rückkehr und Aufbruch im November nach Wien. Fortsetzung des Studiums. Finanzielle Not. Arbeit am Roman *Ahnung und Gegenwart* neben juristischen Studien. Bekanntschaft mit Wilhelm und Dorothea Schlegel. Freundschaft zu dem Maler Philipp Veit, einem Sohn Dorotheas aus erster Ehe. | 22 |
| **1812** | Wien | Regulärer Studienabschluss. Ziel ist der Eintritt in eine Beamtenlaufbahn. | 24 |
| **1813** | Wien | Zusammen mit Philipp Veit Teilnahme als Freiwilliger am Freiheitskrieg gegen Napoleon bei den Lützower Jägern, Streit darüber mit seinem Bruder Wilhelm, der in den österreichischen Staatsdienst aufgenommen wird und militärische Beteiligung | 25 |

## 2.1 Biografie

| JAHR | ORT | EREIGNIS | ALTER |
|------|-----|----------|-------|
| | | ablehnt. Da Eichendorff sich die Ausrüstung zu Pferde nicht leisten kann, bleiben beide bei der Infanterie. Eichendorff beendet seinen Dienst aber schon kurz danach. | |
| 1814 | Lubowitz | Urlaub auf unbestimmte Zeit. Erfolglose Bewerbung um eine Anstellung im Staatsdienst in Berlin. | 26 |
| 1815 | Berlin | Gegen den Willen der Eltern: Heirat mit Luise von Larisch, der erste Sohn Hermann wird am 30. August geboren. Erneut Kriegsdienst, jetzt im rheinischen Landwehrregiment, unter dem preußischen General Blücher. Nach Sieg in Waterloo zieht Eichendorff mit Blücher nach Paris. Rückkehr nach Berlin, auf Vermittlung des preußischen Reformers Gneisenau Dienst am Kriegsministerium. Nach Rückkehr Napoleons von Elba kurzfristig wieder Militärdienst. Finanzielle Probleme: Vor Eintritt in die Beamtentätigkeit muss ein Referendar bzw. Assessor eine Zeit lang kostenlos arbeiten, das kann sich Eichendorff nicht leisten. | 27 |
| 1816 | Breslau | Juristische Zulassungsprüfung, Referendar ohne Gehalt bei der Breslauer Regierung, Arbeit zum Problem der Säkularisierung von Kirchengut. Diese gefällt dem Oberpräsidenten Schmedding und er empfiehlt Eichendorff dem Reformer Freiherr Stein zu Altenstein. | 28 |
| 1818 | | *Das Marmorbild* erscheint. | 31 |
| 1820 | Danzig | Ratsstelle im Amt eines katholischen Konsistorial- und Schulrats für Kirchen- und Schulangelegenheiten der Provinz Westpreußen. | 32 |

## 2.1 Biografie

| JAHR | ORT | EREIGNIS | ALTER |
|------|-----|----------|-------|
| 1821 | Danzig | Zuständigkeit für die Bezirksregierung Marienwerder. Ernennung zum Regierungsrat mit Zuständigkeit für die katholischen Schul- und Unterrichtsangelegenheiten der gesamten Provinz. Volle Inanspruchnahme durch die Tätigkeit. | 33 |
| 1822/23 | Danzig | Fertigstellung der Novelle *Aus dem Leben eines Taugenichts*. | 34 |
| 1824 | Königsberg | Umzug nach Königsberg an den Sitz des Oberpräsidenten der neuen Provinz Preußen. | 36 |
| 1826 | | *Aus dem Leben eines Taugenichts* erscheint. | 38 |
| 1826–1829 | Königsberg | Entstehung des Historiendramas *Der letzte Held von Marienburg*. | 38–41 |
| 1820–1831 | Königsberg | Regierungsrat. Aufgabenbereiche: Aufsicht über das Schulwesen, Neuordnung von Pfarreien und Bistumsgrenzen, Priesternachwuchs, Zivilehe und Mischehe von Partnern unterschiedlicher Konfession usw.<br>Er möchte nach Berlin versetzt werden, wo er hofft, am kulturellen und politischen Leben teilnehmen zu können. | 32–43 |
| 1831 | Berlin | Er erhält eine kommissarische Abordnung nach Berlin, diese gilt aber für 13 Jahre nur provisorisch. In Berlin wird er zu Hilfstätigkeiten in verschiedenen Funktionen verpflichtet. Er arbeitet in verschiedenen Ministerien, auch am Oberzensurkollegium, in dem er eine eher liberale Position vertritt. Er wird immer wieder zurückgesetzt, unter anderem auch finanziell, wogegen er beim König direkt interveniert. | 43 |

## 2.1 Biografie

| JAHR | ORT | EREIGNIS | ALTER |
|------|-----|----------|-------|
| 1837 | Berlin | Erscheinen seines ersten Gedichtbandes, einer umfangreichen Lyriksammlung. Viele seiner Lieder werden vertont durch Mendelssohn Bartholdy, Schumann u. a., dies erhöht den Bekanntheitsgrad Eichendorffs erheblich. | 49 |
| 1843 | Berlin Danzig | Erstes Pensionierungsgesuch. Reise nach Danzig, wo er im Auftrag eine Abhandlung über die Wiederherstellung der Marienburg schreiben soll. Er wohnt zusammen mit seiner Frau bei seiner Tochter Therese, die dort mit dem Lehrer Louis Besserer von Dahlfingen verheiratet ist. | 55 |
| 1844 | Berlin | Ausscheiden aus dem Staatsdienst. | 56 |
| 1846/ 1847 | Wien | Reise nach Österreich über den Winter. Zusammentreffen mit den Schumanns, Bekanntschaft mit Adalbert Stifter, der sich später mit Eichendorffs Schwester Louise anfreundet. Ehrungen durch Wiener Musikvereine. | 58 |
| 1847 | Berlin | Versetzung seines Schwiegersohnes Besserer an die Kadettenanstalt in Berlin. Umzug der Familien dorthin. Übersetzung von Werken des spanischen Dichters Calderón. Zurückgezogenes Leben, bei Literaturkritikern gerät er in Vergessenheit, aber Kontakt zu einem Kreis von Dichterkollegen und Kulturschaffenden (Friedrich Carl von Savigny und seine Frau Gunda, Bettina von Arnim, der Maler Peter von Cornelius, der Bildhauer August Kiß und der katholische Politiker August Reichensperger). | 59 |
| 1848 | Berlin | Barrikadenkampf in den Straßen Berlins: Flucht Eichendorffs über Meißen und Köthen nach Dresden. | 60 |

2.1 Biografie

| JAHR | ORT | EREIGNIS | ALTER |
|------|-----|----------|-------|
| 1849 | Berlin | Rückkehr nach Berlin. | 61 |
| 1850/ 1851 | Berlin | Häufige Teilnahme an der von Franz Kugler gegründeten (Donnerstags-)Gesellschaft. | 62 |
| 1855 | Neiße | Versetzung des Schwiegersohns nach Neiße. Umzug der Familie und Tod seiner Frau. Weitere Vereinsamung. | 67 |
| 1856 | Neiße | Bekanntschaft mit dem Breslauer Fürstbischof Heinrich Förster. Im August Aufenthalt in dessen Sommerresidenz Johannesburg. | 68 |
| 1857 | Schloss Johannesberg bei Jauernig | August bis Mitte September Aufenthalt in der bischöflichen Sommerresidenz. Erkrankung an einer Lungenentzündung und Tod am 26. November. Beisetzung auf dem Friedhof der St. Jerusalemer Kirchengemeinde in Neiße neben seiner Frau Luise. | 69 |

## 2.2 Zeitgeschichtlicher Hintergrund

Die Novelle erscheint in einer Zeit der Restauration nach den Revolutionskriegen mit Frankreich. 1819 sollen die „Karlsbader Beschlüsse" eine alte Ordnung wiederherstellen. Literaturgeschichtlich gehört der Text zur Spätromantik, die sich durch eine Rückwendung zu den christlichen Werten des Mittelalters auszeichnet.

ZUSAMMEN-
FASSUNG

### Politische Ereignisse

Eichendorff wurde 1788 geboren, seine Familie lebte im schlesischen Lubowitz, das seit dem Ende des Siebenjährigen Krieges 1763 preußisch wurde, nachdem es vorher zum Habsburgischen Österreich-Ungarn gehört hatte. 1789 fand die Französische Revolution statt, 1793 wurden der König und die Königin hingerichtet, eine **Zeit der „Terreur"** folgte, in der sich die Revolutionäre gegenseitig angriffen und Tausende unter der Guillotine starben. Die französischen Adligen suchten Unterstützung im Ausland, es gab ab 1792 fünf Koalitionskriege gegen die Revolutionäre. 1799 gelang es Napoleon durch einen Staatsstreich, sich zum Oberhaupt von Frankreich zu erklären, im Jahr 1804 ließ er sich zum Kaiser krönen. Doch dies reichte ihm nicht aus, er griff auch weitere europäische Mächte an, um die Vormachtstellung Frankreichs zu sichern. Die Niederlage der anti-französischen Koalition in der Drei-Kaiser-Schlacht von Austerlitz brachte 1806 als politische Folge **das Ende des Heiligen Römischen Reichs Deutscher Nation** unter der Führung der Habsburger Kaiser.

Französische
Revolution 1789

Vorherrschaft
Napoleons in
Europa

Im Reichsdeputationshauptschluss von 1803 wurden zahlreiche deutsche Kleinstaaten und freie Reichsstädte zu neuen Fürsten-

## 2.2 Zeitgeschichtlicher Hintergrund

tümern zusammengeschlossen. (Zu diesem Thema schrieb Eichendorff seine Prüfungsarbeit zur Anerkennung seines Wiener juristischen Studienabschlusses in Preußen.) Preußen hatte sich bislang neutral gehalten, doch im vierten Koalitionskrieg griff es in die Konflikte ein. Die Doppelschlacht von Jena und Auerstedt 1806 ging verloren, führte aber zu einem gemeinsamen Widerstand aller europäischen Staaten gegen Napoleon. Nachdem Napoleon schon in Russland 1812 stark geschwächt wurde, führten die Völkerschlacht bei Leipzig 1813 und die Befreiungskriege 1813-1815 zu seiner endgültigen Niederlage bei der Völkerschlacht von Waterloo 1815.

**Nach Niederlage Napoleons 1815 Stärkung der deutschen Identität und demokratischer Bewegungen**

Mit den Befreiungskriegen gegen Napoleon war eine nationale deutsche Identität über die einzelnen Fürstentümer gestärkt worden, aber auch eine **Kritik an dem alten feudalen System** in Preußen. Reformen auf dem Gebiet der gesellschaftlichen Teilhabe, der Heeresorganisation, der Stellung der Bauern, der Bedeutung der Städte, der Wirtschaft und der Bildung wurden u. a. durch Karl vom Stein und Karl August von Hardenberg angestoßen. Liberale Wissenschaftler wurden an die neu gegründete Universität Berlin berufen (Fichte, Schleiermacher, Wilhelm von Humboldt). Gleichzeitig gab es aber auch konservative Bewegungen, die etwa durch den österreichischen Staatskanzler Clemens Wenzel Fürst von Metternich (1773–1859) gesteuert wurden.

**Wiederherstellung der alten Ordnung 1819**

Eine Restauration der alten feudalen Ordnung gegen alle demokratischen Bewegungen wurde angestrebt. Die **„Karlsbader Beschlüsse"** vom August 1819 sollten liberale und nationale Tendenzen in Deutschland bekämpfen, äußerer Anlass war die Ermordung des Schriftstellers und russischen Generalkonsuls August von Kotzebue am 23. März 1819 durch Karl Ludwig Sand, einem Theologiestudenten und Erlanger/Jenaer Burschenschafter. Eine Heilige Allianz, ein Bund der Brüderlichkeit zwischen dem russischen Za-

## 2.2 Zeitgeschichtlicher Hintergrund

ren, dem preußischen König und dem österreichischen Kaiser, sollte eine Einheit der Fürsten garantieren.

In Abwendung gegenüber unerfüllten Verheißungen der Aufklärung und in Abscheu gegenüber der Gewalt der Revolution nahm auch Eichendorff gegenüber der Politik seiner Zeit eine zunehmend konservative Stellung ein. Dies verband ihn mit anderen Romantikern, die eine **Idealisierung der mittelalterlichen Ordnung** betrieben, allen voran bei Novalis, der mit *Die Christenheit oder Europa* (1799) eine theoretische Grundlage dieser rückwärtsgewandten Position veröffentlichte.

*Eichendorff: konservative Haltung ggü. der Politik seiner Zeit*

Auch die Novelle *Das Marmorbild* lässt sich als eine Hinwendung zu einer christlich-restaurativen Abkehr lesen. Anders als bei den Vertretern der frühromantischen Bewegung (Schlegel, Tieck, Novalis, Schelling), findet sich hier **kaum utopisch-kritische Auseinandersetzung mit der Gesellschaft** und ihren Geschlechterrollenvorbildern, sondern eher eine Flucht in eine „gute, alte Zeit", die indirekt mit dem Mittelalter verbunden wird, allerdings noch nicht mit einer klaren deutschnationalen Ausrichtung. Trotzdem kann man die Texte Eichendorffs immer auch als Teil einer Suche nach Identität, nach deutschen Wurzeln sehen, die sich gegen die französischen Invasoren richten.

*Idealisierung von und Flucht in die Vergangenheit: Das Marmorbild*

| POLITIK | JAHR | BIOGRAFIE/WERKE |
|---|---|---|
| Französische Revolution | 1789 | Geburt Eichendorffs 1788 |
| Schlacht von Austerlitz: Ende des Heiligen Römischen Reiches deutscher Nation | 1806 | *Die Zauberei im Herbste* (1808) |
| Schlacht bei Waterloo: Napoleon verliert | 1815 | *Ahnung und Gegenwart* (1815) |
| Karlsbader Beschlüsse: Zensur und Restaurationsbewegung | 1819 | *Das Marmorbild* (1818) |

2.2  Zeitgeschichtlicher Hintergrund

## Die Epoche der Romantik

Die Romantik ist nur schwer in einem gemeinsamen Programm zusammenzufassen. Dies liegt zum einen an ihrem offenen Programm, zum anderen aber auch an daran, dass es mindestens vier verschiedene Romantik-Phasen gab, die jeweils den Vorgaben verschiedener Künstler entsprachen.

| | |
|---|---|
| 1798 | **Frühromantik** (Jena):<br>August Wilhelm und Friedrich Schlegel, Ludwig Tieck, Novalis, Wilhelm Heinrich Wackenroder, Friedrich Wilhelm Schelling |
| 1805 | **Jüngere Romantik** (Heidelberg):<br>Achim von Arnim, Clemens Brentano, Joseph von Eichendorff, Joseph Görres, Karoline von Günderrode, Bettine Brentano |
| 1810 | **Spätromantik** (Berlin):<br>Christlich deutsche Tischgesellschaft (1811): Achim von Arnim, Clemens Brentano, Friedrich de la Motte-Fouqué, Joseph von Eichendorff, Heinrich von Kleist, Adelbert von Chamisso |
| ab 1830 | **Ausläufer der Romantik** (Schwäbische Schule):<br>Ludwig Uhland, Justinus Kerner, Wilhelm Hauff, Eduard Mörike, Gustav Schwab |

Der Begriff Romantik taucht erstmals Ende des 18. Jahrhunderts auf, abgeleitet aus den beiden Adjektiven „romanisch" bzw. „romantisch":

Definition von
Romantik

Als „romanisch" galten die vom Lateinischen abgeleiteten Volkssprachen. Diese Volkssprachen hielten sich nicht mehr an den Regelkanon der antiken Poetik, sondern nahmen eigene Stoffe und Ausdrucksweisen auf, die je national unterschiedlich waren. In der Diskussion zwischen „Antiqui" und „Moderni" wurde Volksliteratur zunächst abgewertet, weil sie nicht dem Kanon entsprach. „Romance" (Ballade in Volkssprache) war demnach zunächst ein abwertender Begriff, der dann auch auf Prosatexte („Romane") über-

2.2   Zeitgeschichtlicher Hintergrund

tragen wurde. Diese Texte folgten nicht einer strengen Kompositi-
on, ihr Handlungsablauf war offen, sie galten aber auch inhaltlich
als „unwahr", erfunden, fantastisch, im Gegensatz zu dem, was
die aristotelische Norm der „Wahrscheinlichkeit" forderte. In der
Folge wurde dieser abwertende Blick auf das „Wilde", von „Volkskultur Bestimmte", „Unberührte" im 17./18. Jahrhundert wieder
aufgegriffen. Es bezeichnete alles, was nicht nach geometrischen
Regeln gestaltet war – etwa wilde Landschaften oder verfallene Bur-
gen. Gegen Ende des 18. Jahrhunderts änderte sich allerdings der
Blick auf dieses „Romantische".

Mit **Johann Gottfried Herder** (1744–1803) wurde das Volks-       Aufwertung der
tümliche, das aus der Kindheit oder der nationalen Volkskultur      Volksliteratur
Kommende aufgewertet – gegenüber einer Antike, die zu weit weg
sei. Damit wandte man sich indirekt auch gegen die Klassik, die
diese Antike als Vorbild hochschätzte. Eine besondere Bedeutung
bekam der „Gang zu den Ursprüngen" durch die Rezeption von
philosophischen Konzeptionen in Anleihe an **Jean-Jacques Rousseau** (1712–1778). Hier glaubte man aber auch, der Geburt einer
neuen Dichtung zusehen zu können, die gegen die Positionen einer rein verstandesmäßig orientierten Aufklärung dem Gefühl, der
schöpferischen Freiheit oder der Abwendung vom Nützlichkeits-
denken Ausdruck verleihen konnte.

Einer der ersten, die das formulierten, war **Friedrich Schlegel**
(1772–1829). Er forderte u. a. in der Zeitschrift „Athenäum", dass
Romantiker in „progressiver Universalpoesie" alle Literaturgattun-
gen (Epik, Lyrik, Dramatik) zusammenführen sollten: Aufgabe sei
es,

„alle getrennten Gattungen der Poesie wiederzuvereinigen und       „Progressive
die Poesie mit der Philosophie und der Rhetorik in Berührung        Universalpoesie"
zu setzen. So will und soll auch Poesie und Prosa, Genialität

## 2.2  Zeitgeschichtlicher Hintergrund

und Kritik, Kunstpoesie und Naturpoesie sich bald mischen, bald verschmelzen, die Poesie lebendig und gesellig, und das Leben und die Gesellschaft poetisch machen".[1]

Dies bedeutet die Verbindung verschiedener Formen von Ästhetik – von volkstümlichen Liedern, Kinderreimen, Märchen oder Sagen (von Clemens Brentano oder Achim von Arnim, den Brüdern Grimm oder Wilhelm Hauff gesammelt und neu aufgewertet) bis hin zu künstlerisch ausgeformten Texten von höchster Komplexität. Auch Ernst und Humor, Kritik und Einfühlung, Gefühl und Vernunft, Vergangenes und Utopie, Klang und Bild, Kinderliteratur und Erwachsenenliteratur – alles sollte miteinander verknüpft werden. Das Ideal war sogar eine **Verknüpfung von Kunst und Leben**, wie es z. B. Schlegel selbst in frühromantischen Wohngemeinschaften umzusetzen versucht hatte (etwa in der Jenaer Romantik). Diese utopische Vorstellung eines Gesamtkunstwerks hat natürlich zur Folge, dass die Kunstwerke nie fertig sein können, sie sind immer im Werden, nie vollendet. Es gibt demnach auch keine klaren Vorgaben, was gute Kunst sein soll, sondern der Künstler allein bestimmt es für den Moment für sich. Bestimmend wurde auch die idealistische Einstellung in der Philosophie, wie sie sich etwa bei **Johann Gottlieb Fichte** (1762–1814) oder **Friedrich Wilhelm Schelling** (1775–1854) fanden: Fichte verwarf die Idee, dass die Dinge an sich existierten, nur das „reine Ich", das allgemeinmenschliche Bewusstsein, erschaffe die Realität.

Verbunden mit dieser subjektiven Weltsicht ist aber auch, dass der Künstler nicht klar Position ergreift, keine verbindlichen Werte

───

1   Schlegel, Friedrich: *Lyceums-Fragmente* 108 (1797). In: Behler, Ernst: (Hrsg.): Kritische Friedrich-Schlegel-Ausgabe. München/Paderborn/Zürich: Verlag Ferdinand Schöningh, 1967, S. 181.

2.2  Zeitgeschichtlicher Hintergrund

vermittelt. In diesem Zusammenhang taucht auch bei Schlegel der Begriff der „romantischen Ironie" auf:

> „Sie enthält und erregt ein Gefühl von dem unaufhörlichen Widerstreit des Unbedingten und Bedingten, der Unmöglichkeit und der Notwendigkeit einer vollständigen Mitteilung. Sie ist die freieste aller Lizenzen, denn durch sie setzt man sich über sich selbst weg."[2]

„Romantische Ironie"

Zusammenfassend lässt sich feststellen, dass die Romantik beides in sich birgt: Rückwärtsgewandte, irrationale Restaurationsbewegung, aber auch utopisch ausgerichtetes, revolutionäres Vorgreifen einer Kunst, die sich von allen Fesseln der Ordnung freimacht.

## Kennzeichen der Romantik
→ Rückbesinnung auf die nationalen Ursprünge jedes Volkes
→ Aufwertung des Mittelalters gegenüber der Antike
→ Gefühl und Versenkung in das Unbewusste werden gegen Klarheit der Gedanken und Vernunft gepriesen
→ freie Gestaltung und „Natürlichkeit" gegen Regelzwang und „Künstlichkeit"
→ Verknüpfung verschiedener ästhetischer Erfahrungen
→ Dichtung als allumfassende Weltdeutung, die auch das Unerklärbare und Unheimliche nicht ausspart, die aber auch keine klaren Deutungen vorgibt

--- --- ---

2   Ebd., S. 159.

2.2   Zeitgeschichtlicher Hintergrund

Caspar David Fried-
rich (1774–1840)
war der bedeu-
tendste Maler der
Romantik, 1821
entstand *Der Fried-
hof*
© picture alliance /
akg-images

## 2.3  Angaben und Erläuterungen zu wesentlichen Werken

ZUSAMMEN-FASSUNG

Eichendorff ist heute besonders bekannt durch seine Lieder, die teilweise als „Volkslieder" in das kollektive Gedächtnis eingegangen sind. Viele Gedichte wurden im 19. Jahrhundert vertont, Komponisten wie Robert Schumann oder später Hugo Wolf schufen mit Eichendorffs Texten die eigene Gattung des Kunstlieds (in anderen Sprachen unübersetzt „le Lied" oder „the Lied").

Seine Romane *Ahnung und Gegenwart* von 1815 und *Dichter und ihre Gesellen* von 1834 gelten als Vorbilder für die romantische Erzählweise. Typisch romantische Novellen sind *Das Marmorbild* (1818) und *Aus dem Leben eines Taugenichts* (1826) [1826 Doppelausgabe mit Anhang von Gedichten]. Die Erzählung *Das Schloss Dürande* (1837) geht mehr auf die politische Meinung Eichendorffs ein. Seine in den dreißiger Jahren entstandenen Satiren *Krieg den Philistern* und *Auch ich war in Arkadien* (1824 bzw. 1866 erschienen) sind ein Beispiel für eine konservative Abrechnung mit der Gesellschaft.

Eichendorff ist bis heute vor allem durch seine Gedichte bekannt. Viele von ihnen waren ursprünglich Teil der Prosa: Im Sinne einer Universalpoesie sollten Gattungen vermischt werden.[3] Die erste Sammelausgabe seiner Gedichte erscheint 1826 als Anhang zu den zusammengebundenen Novellen *Aus dem Leben eines Tauge-*

---

3   Vgl. Schlegels Aussage zur Universalpoesie, Kapitel 2.2 Zeitgeschichtlicher Hintergrund, S. 23 f.

2.3   Angaben und Erläuterungen zu wesentlichen Werken

*nichts* und *Das Marmorbild*. Erst 1837 wurde eine eigene Ausgabe seiner Gedichte veröffentlicht. Der erste Band seiner vierbändigen Werkausgabe von 1841 ist ebenfalls ein Gedichtband.

Sein erster Roman ***Ahnung und Gegenwart* (1815)** steht in der Tradition des *Wilhelm Meister* (1795/96) von Goethe. Er erzählt von der Wandlung des jungen Grafen Friedrich vom christlichen Dichter zum christlichen Ritter. Der Eindruck der preußischen Niederlagen gegen Napoleon hat Eichendorff dabei bestimmt. Dabei äußert er Kritik an dem städtisch-luxuriösen Lebensstil der Adligen und zeigt

**Ideal christlichen Lebens**

das Ideal christlichen Lebens auf. Friedrich, der dem Landadel entstammt, verlässt die Idylle seiner Jugendzeit, um in der Ferne das Leben kennenzulernen. Er begegnet dem Mädchen Rosa, die sich als Knabe Erwin verkleidet und ihm folgt. Er lässt sich aber von der Sinnlichkeit der Gräfin Romana faszinieren und verliert Erwin aus den Augen. Erst angesichts seines/ihres Todes erkennt er, dass sie in Wirklichkeit ein Mädchen war. Daraufhin zieht Friedrich in den Krieg, der verloren wird. Güterlos will er sich in ein Kloster zurückziehen. Am Ende seiner Reise kehrt er in das Schloss zu seinen Ursprüngen zurück und erinnert sich an die christlichen Werte seiner Kindheit. Besonders kunstreich ist die Darstellung der Landschaften in diesem Roman. Schon hier integriert Eichendorff Lieder (z. B. *O Täler weit, o Höhen*).

**Erfolgreichstes Werk**

Der bis heute erfolgreichste Text von Joseph von Eichendorff ist seine Erzählung ***Aus dem Leben eines Taugenichts* (1822)**: Hier macht sich eine junger Müllersohn auf zu einer Reise nach Italien. Dabei gelingt es ihm, den Konventionen eines sesshaften Lebens zu entkommen und sich an der Natur und der Kunst zu erfreuen. Schließlich findet er eine unbekannte Dame, der er immer wieder nachgejagt ist, in Wien wieder und heiratet sie. Auch in diesem Text finden sich zahlreiche bekannte Lieder (z. B. *Wem Gott will rechte Gunst erweisen*).

2.3 Angaben und Erläuterungen zu wesentlichen Werken

Der Roman *Dichter und ihre Gesellen* (1834) bietet dem Leser eine undurchschaubare Verstrickung von Örtlichkeiten, Figuren, Handlungssträngen um den Dichter Fortunat, der zwischen Deutschland und Italien reist. Auch hier werden Lieder und Gedichte in den Text eingefügt.

*Musterbeispiel eines romantischen Romans*

*Das Schloss Dürande* (1837) spiegelt Eichendorffs Kritik an der Französischen Revolution. Zunächst wird die freie Liebe zwischen einem Grafen und einem bürgerlichen Mädchen dargestellt, die in Widerspruch zur feudalen Gesellschaft gerät. Besonders bedrohlich sind die Vorurteile des Bruders Renald, der als Vertreter der Revolution das Schloss Dürande anzündet und seine eigene Schwester ermordet, die sich als Doppelgängerin des Grafen verkleidet hatte.

*Kritik an der Französischen Revolution*

Eichendorff hat sich in einer Reihe von Satiren – u. a. *Krieg den Philistern* (1824), die Literatursatire *Viel Lärmen um nichts* (1832) und *Auch ich war in Arkadien* (1866) – mit seiner Zeit **ironisch** auseinandergesetzt, vor allem mit den politischen Revolten, die die Vertreter des Vormärz und des Jungen Deutschlands unterstützten.

*Satiren*

Zum Ende seines Lebens greift er **katholische Themen** wieder auf: Die Märtyrerlegende *Lucius* (1857) ist aber ähnlich wie seine Übersetzungen des „katholischsten Dichters" Don Pedro Calderón de la Barca (*Das große Welttheater*) von der Rezeption eher unbeachtet geblieben. In dieser Zeit entstehen auch **literaturhistorische Schriften** (*Geschichte der poetischen Literatur Deutschlands*, 1857), in denen er die romantischen Dichter von Wackenroder bis Chamisso Revue passieren lässt. Diese Abhandlung war eine Auftragsarbeit für den Paderborner Verleger Ferdinand Schöningh.

*Weitere Werke*

Insgesamt muss gesagt werden, dass bis auf die erfolgreichen Liedvertonungen die meisten Werke zu Lebzeiten Eichendorffs keine große Verbreitung fanden, sodass er, der immer wieder unter

2.3   Angaben und Erläuterungen zu wesentlichen Werken

großen Geldsorgen litt, sich durch seine literarische Arbeit nicht viel dazu verdienen konnte.

## Werkübersicht

| | |
|---|---|
| 1815 | *Ahnung und Gegenwart. Ein Roman.* |
| 1818 | *Das Marmorbild. Eine Novelle.* (Erschienen im „Frauentaschenbuch für das Jahr 1819".) |
| 1824 | *Krieg den Philistern! Dramatisches Mährchen in fünf Abentheuern.* |
| 1826 | *Aus dem Leben eines Taugenichts* und *Das Marmorbild. Zwei Novellen nebst einem Anhange von Liedern und Romanzen.* |
| 1828 | *Meierbeths Glück und Ende. Tragödie mit Gesang und Tanz.* |
| 1828 | *Ezelin von Romano. Trauerspiel.* |
| 1832 | *Viel Lärmen um nichts.* (Veröffentlicht in der Zeitschrift „Gubitzens Gesellschafter".) |
| 1833 | *Die Freier. Lustspiel.* |
| 1834 | *Dichter und ihre Gesellen. Novelle.* |
| 1837 | *Das Schloss Dürande.* (Gedruckt in „Urania. Taschenbuch auf das Jahr 1837".) |
| 1837 | *Gedichte.* |
| 1841 | *Die Glücksritter. Novelle.* (Publiziert im „Rheinischen Jahrbuch".) |
| 1846 ff. | Literaturhistorische Schriften. |
| 1855 | *Robert und Guiscard. Versepos.* |
| 1857 | *Lucius. Eine Märtyrerlegende.* |

# 3. TEXTANALYSE UND -INTERPRETATION

## 3.1 Entstehung und Quellen

ZUSAMMEN-
FASSUNG

| | |
|---|---|
| 1808/1809 | In der Erzählung *Die Zauberei im Herbste* kommt bereits das Motiv der Verzauberung eines Ritters im Venusberg vor. |
| 1818 | Im Gedicht *Frühlingsfahrt* (1837 unter dem Titel *Die zwei Gesellen* veröffentlicht) wird das Abgründige der Versuchung allegorisch im Sirenenmotiv verdeutlicht. |
| 1818 | *Das Marmorbild* erscheint im *Frauentaschenbuch*, herausgegeben von Friedrich de la Motte-Fouqué. |
| 1826 | Die Novelle erscheint erneut in Buchform zusammen mit der Novelle *Aus dem Leben eines Taugenichts*. |

Das Motiv der Denkmalerweckung findet sich schon bei Ovid (43 v. – 17 n. Chr.) in seinen *Metamorphosen* (Buch 10, Vers 243 ff.): Hier wird das Schicksal des Bildhauers **Pygmalion** beschrieben, der durch die Verfolgung der Propoetiden (Frauen, die hemmungslos ihren Körper anbieten), zum Frauenhasser wurde. Er erschafft eine wunderschöne Elfenbeinstatue, die unter seinen Liebkosungen auf seine Bitte von Venus zum Leben erweckt wird und ihm einen Sohn gebärt.

Das Motiv der Versteinerung bzw. Lebendigwerdung erlebt ein besonderes Interesse bei den Romantikern:

Das Motiv der
Statuenbelebung

3.1 Entstehung und Quellen

Die erschaffene Statue erwacht: *Pygmalion* (um 1926) von Franz von Stuck (1863–1928) © picture alliance / akg-images

3.1   Entstehung und Quellen

→ Clemens Brentano: *Godwi. Das steinerne Bild der Mutter* (Roman, 1801). Hier erscheint dem Helden Godwi das steinerne Bild seiner frühverstorbenen Mutter.

→ E. T. A. Hoffmann: *Der Sandmann* (1816). Die Erzählung beschreibt die Lebendigwerdung einer künstlichen Puppe.

Joseph von Eichendorff schreibt mit *Die Zauberei im Herbste* (erste Prosaarbeit, 1808)[4] ein Märchen zu einem ähnlichen Thema: Ein Ritter verliebt sich in eine schöne Frau. Um mit ihr zusammen sein zu können, tötet er auf ihr Geheiß hin seinen Freund. Als er sie dann errungen hat, zeigt sie sich ihm wie versteinert.

1816 folgt *Die zauberische Venus*, eine Ballade Eichendorffs, in der ein junger Mann nach seiner Hochzeit von einer Statue verzaubert wird.

Die Sage vom Venusberg ist ein weiteres Motiv: In einem geheimen Berg wohnt die Göttin Venus zusammen mit Wald- und Wassernymphen. Männer werden von ihrer Schönheit angelockt und in den Berg hineingezogen, wo sie ein sündiges Leben führen. Ein ähnliches Motiv findet sich bereits in Homers *Odyssee* (8. Jh. v. Chr.), wo **Odysseus** von der Göttin Kirke und der Nymphe Kalypso verführt und mehrere Jahre festgehalten wird.

Das Motiv des Venusberges

In der Tannhäuser-Sage versucht der Ritter **Tannhäuser**, dem Venusberg zu entkommen und bittet den Papst vergeblich um Vergebung für seine Sünden.

Auch das Venusberg-Motiv wurde von den Romantikern intensiv bearbeitet:

→ Ludwig Tieck: *Der getreue Eckart und der Tannenhäuser* (Erzählung, 1799).[5]

--- ---

4   Vgl. dazu den Textauszug in Kapitel 5. Materialien, S. 95 ff.
5   Ein Auszug der Erzählung ist abgedruckt in Kapitel 5. Materialien, S. 94 f.

3.1  Entstehung und Quellen

→ Achim von Arnim und Clemens Brentano: *Des Knaben Wunderhorn* (Sammlung, 1806); das Lied *Der Tannhäuser* stammt ursprünglich aus dem Jahr 1515.
→ Jacob und Wilhelm Grimm: *Deutsche Sagen* (Sammlung, 1816).

Populär wurde das Motiv des Venusberges durch Richard Wagners romantische Oper *Tannhäuser und der Sängerkrieg auf Wartburg* (1845).[6]

**Das Sirenen-Motiv**

Bezüge lassen sich auch zu dem seit der Antike bekannten Sirenen-Motiv herstellen. Heinrich Heine bearbeitet den Stoff in seinem *Loreley-Lied* (1824), wofür er auf Brentanos Ballade *Lore Lay* zurückgreift, die dieser in seinem Roman *Godwi* (s. o.) 1801 veröffentlichte.

Auch Eichendorff greift das Motiv in seinen Gedichten *Frühlingsfahrt* (1818, als *Zwei Gesellen* 1837 veröffentlicht) und *Waldgespräch* (1815) auf.

**E. W. Happels Gespenstergeschichte**

Eichendorff schreibt selbst, dass er sich zu seiner Novelle *Das Marmorbild* auch von Eberhard Werner Happel (1647–1690), einem Schriftsteller der Barockzeit, habe inspirieren lassen. In dessen Werk *Relationes curiosae* findet sich eine Gespenstergeschichte mit dem Titel *Die seltzahme Lucenser-Gespenst*. Es ist die Erzählung eines Reisenden, der in Lucca von einer zauberhaften Frau verführt wird, auch ein Ritter Donati kommt vor.

Eichendorff minimiert in einem Brief an Friedrich de la Motte-Fouqué vom 2. Dezember 1817 allerdings die Bedeutung dieses Textes: „irgendeine Anekdote aus einem alten Buche, ich glaube

---

6    Vgl. dazu die Erläuterung in Kapitel 4. Rezeptionsgeschichte, S. 91 f.

3.1  Entstehung und Quellen

es waren Happelii *Curiositates*, die entfernte Veranlassung, aber weiter auch nichts gegeben hat".[7]

Die Novelle *Das Marmorbild* erscheint im *Frauentaschenbuch für das Jahr 1819*, das von Friedrich de la Motte-Fouqué herausgegeben wurde.

---

7  Zitiert nach: Eichendorff, Joseph von: *Das Marmorbild*. Editorische Notiz, S. 50. Stuttgart: Verlag Philipp Reclam jun., 2018.

3.2  Inhaltsangabe

## 3.2  Inhaltsangabe

ZUSAMMEN-
FASSUNG

> Der Inhalt der Novelle folgt dem Weg eines jungen Reisenden, Florio, der im Verlauf von wenigen Tagen zu einem erwachsenen Mann wird: Er verliebt sich, wechselt das Objekt seiner Liebe, lernt sich selbst besser kennen und verabschiedet sich von seinen Traumata und den Träumen seiner Kindheit.

### Erster Tag
(R S. 3–17/HL S. 5–15)

Florio trifft den
Sänger Fortunato

Der junge Edelmann Florio reitet auf die Stadt Lucca zu und trifft den Sänger Fortunato, der ihn freundlich anspricht. Florio erklärt, dass er auf der Wanderschaft sei, weil Reiselust ihn von der heimatlichen Enge fortgetrieben habe. Mit einer Menschenmenge kommen sie an einen Platz, wo Spaziergänger bei Musik in der Abendsonne flanieren.

Florio singt ein
Lied für Bianka

Florio beobachtet ein junges Mädchen mit einem Blumenkranz beim Federballspiel und nimmt mit ihm Kontakt auf, als ihm ihr Ball vor die Füße fällt. Fortunato lädt ihn ein, zu einer Gesellschaft in einem Zelt dazuzukommen, wo Florio erfährt, dass dieser ein bekannter Sänger ist, den er selbst verehrt. Auch die junge Ballspielerin Bianka[8] ist dabei und Florio setzt sich neben sie. Jeder in der Runde soll nun ein Lied auf seine Liebsten dichten. Florio singt ein Lied für seine Nachbarin und küsst sie auf den Mund. Jeder in der Gesellschaft hat sich eine Geliebte gewählt, nur Fortunato bleibt allein, singt dann aber ein Lied über Venus und Bacchus, die Götter

----

8    Die Schreibweise „Bianka" wie in der Reclam-Ausgabe wird hier beibehalten. In der Ausgabe des Hamburger Lesehefts erscheint der Name in italienischer Schreibweise: „Bianca".

3.2  Inhaltsangabe

Florio reitet nach Lucca, „sich erfreuend an dem feinen Dufte, der über der wunderschönen Landschaft und den Türmen und Dächern der Stadt vor ihm zitterte" © Wikimedia Commons, H005 [Public domain][9]

der Liebe und des Weines. Dieses endet aber mit einem Lobpreis des christlichen Vaters und des „Jüngling(s) vom Himmel" (R S. 10, Z. 25/HL S. 11, Z. 5).

Plötzlich tritt ein Fremder in das Zelt, der hastig ein Glas Rotwein trinkt und sich dem überraschten Florio als ein alter Bekannter vorstellt. Florio kann sich nicht erinnern, ihn je gesehen zu haben. Die-

9   https://de.wikipedia.org/wiki/Datei:Blick_vom_Torre_Guinigi_nach_NW.jpg (Stand September 2019).

3.2  Inhaltsangabe

**Donati erscheint und wirkt unheimlich**

ser Donati hat etwas Unheimliches an sich und die fröhliche Stimmung der Runde ist gestört. Man bricht auf und Donati will Bianka in den Sattel heben, sie aber bittet ängstlich Florio um Hilfe. Dieser reitet mit Donati und Fortunato zur Stadt. Fortunato schweigt, Donati spricht unablässig. Vor dem Stadttor bäumt sich sein Pferd auf, Donati reagiert heftig. Er lädt Florio in sein Landhaus ein und entflieht auf dem angstvoll galoppierenden Pferd in die Nacht.

**Florio träumt von Bianka**

Fortunato begleitet Florio in die Herberge, beide sind erleichtert, dass Donati sie allein zurückgelassen hat. Florio wirft sich angekleidet auf sein Bett, kann aber lange nicht einschlafen, weil ihn die verschiedenen Eindrücke des Tages verfolgen. Schließlich schläft er doch ein und wacht mitten in der Nacht auf, nachdem er von Bianka geträumt hat. Er verlässt die Herberge und wandert zunächst ziellos durch die Weinberge in das Land hinaus. Hier singt er das Lied *Wie kühl schweift sich's bei nächt'ger Stunde* (R S. 14 f./HL S. 14). Er fragt sich, ob er es für das schöne Mädchen vom Vortag gesungen hat, doch er erkennt, dass sich das Bild unter dem Eindruck seines Traums „in ein viel schöneres, größeres und herrlicheres" verwandelt hat.

**Beim Nachtspaziergang erblickt er eine Venusstatue, die lebendig zu werden scheint**

Plötzlich kommt er an einen Weiher, an dessen Ufer ein marmornes Venusbild steht. Dieses Bild erscheint ihm „wie eine lang gesuchte, nun plötzlich erkannte Geliebte […], wie eine Wunderblume, aus der Frühlingsdämmerung und träumerischen Stille seiner frühesten Jugend heraufgewachsen" (R S. 16, Z. 10 ff./HL S. 15, Z. 10 ff.). Als er das Bild genauer betrachtet, scheint es lebendig zu werden und die Augen und Lippen zu bewegen. Er schließt beglückt die Augen. Als er sie wieder öffnet, schaut ihn das Venusbild mit steinernen Augenhöhlen an. Entsetzt flieht er von diesem Ort zurück in seine Herberge, wo er unter merkwürdigen Träumen einschläft.

3.2   Inhaltsangabe

Das marmorne
Venusbild am
Weiher
© picture alliance /
image BROKER

### Zweiter Tag

**(R S. 17–24/HL S. 15–21)**

Am folgenden Morgen trifft er Fortunato, der findet, dass Florio übernächtigt aussehe. Er meint, er sei wohl verliebt, und spottet über ihn. Florio ist tief getroffen und weint. Fortunato ermahnt ihn, sich seiner Melancholie nicht hinzugeben. Florio hat ein unbestimmtes Verlangen nach dem Bild der letzten Nacht und er möchte den Weiher wiederfinden, irrt aber nur in der Gegend umher.

Zur Mittagszeit, die Sonne scheint schon heiß, kommt er an ein vergoldetes Eisengitter, das nicht verschlossen ist. Er tritt in einen

3.2 Inhaltsangabe

**Florio begegnet einer schönen Frau, die ihn an das Venusbild erinnert**

zauberhaften Lustgarten, in dem seltsame Blumen blühen und goldene Vögel flattern. Er geht in Richtung eines prächtigen Palasts, da kommt ihm eine schlanke, wunderschöne Frau auf ihrem Schimmel entgegen. Sie erinnert ihn an das Venusbild der letzten Nacht. Sie hat eine Laute und singt das Lied *Was weckst du, Frühling, mich von neuem wieder?* (R S. 21/HL S. 18 f.) Auch hier hat er wieder das Gefühl, dass ihm diese Frau bekannt vorkommt und er folgt ihr in dem Garten. Zwischen Marmorsteinen und üppigen Blumen findet er aber schlafend den Ritter Donati, der aussieht wie tot. Florio versucht ihn zu wecken, Donati fährt auf und blickt wild um sich. Florio erschrickt und fragt ihn nach der „schönen Frau". Donati meint, sie sei eine reiche Verwandte von ihm und er werde Florio am nächsten Tag zu ihr führen.

Florio eilt wieder zur Stadt, nimmt sein Pferd und streift bis zum Abend durch die Landschaft. Als er in der Dämmerung zurückkehrt, sieht er zwei Frauen an einem Fenster, die seinen Namen nennen. Eine der Damen schaut ihm auf der Straße nach.

### Dritter Tag
(R S. 24–25, Z. 33/HL S. 21–22, Z. 23)

**Florio lehnt Donatis Einladung zur Jagd ab**

Am folgenden Tag kommt Donati mit wildem Blick in Florios Zimmer. Dieser meint, nun würde er zu der schönen Frau geführt, aber Donati will ihn zur Jagd einladen. Florio weigert sich, da es Sonntag sei und an einem solchen Tag gehe man nicht zur Jagd. Als die Glocken der Stadt zu läuten beginnen, stürzt Donati überstürzt aus dem Haus.

**Fortunato lädt Florio zu einem Fest ein**

Daraufhin erscheint Fortunato und lädt Florio für den nächsten Tag zu einem Fest in ein Landhaus vor der Stadt ein. Dort werde er eine alte Bekannte treffen. Florio hofft, dies werde die schöne Frau sein. Er geht selbst zum Gottesdienst, kann sich aber nicht auf die Messe konzentrieren. Danach sucht er die Gasse mit dem Haus auf,

3.2 Inhaltsangabe

an dem er am Vorabend die beiden Frauen gesehen hatte. Aber das Haus wirkt verlassen, als wohne niemand in ihm.

### Vierter Tag
(R S. 25, Z. 34 – S. 34/HL S. 22, Z. 24 – S. 29)

Florio sucht den ganzen Tag nach der schönen Frau, doch er findet Garten und Palast nicht mehr und auch Donati taucht nicht auf. Am Abend reitet Florio zu dem Landhaus, zu dem man ihn eingeladen hatte. Der Hausherr Pietro ist ein feiner Mann, Florio hat ihn noch nie gesehen. Beim Tanz spricht ihn eine maskierte Dame im griechischen Gewand an, gibt ihm eine Rose und entflieht. Florio bemerkt, dass der Hausherr ihn beobachtet. Er findet die Griechin wieder, tanzt mit ihr und als er sie küssen möchte, flüstert sie „Du kennst mich" (R S. 27, Z. 36/HL S. 24, Z. 3 f.). Plötzlich hat Florio den Eindruck, dass am anderen Ende des Saals die schöne Tänzerin noch einmal steht.

> Florio tanzt mit einer Dame im griech. Gewand

Nach dem Tanz geht die Gesellschaft in den Garten, Florio folgt, setzt sich aber von den anderen ab und sucht einen einsamen Pfad. Dort hört er eine weibliche Stimme singen: *Über die beglänzten Gipfel* (R S. 28 f./HL S. 24). Florio folgt dem Gesang und kommt zu einem Rasenplatz, wo die Griechin an einem Springbrunnen sitzt und mit einer Rose im Wasser spielt. Als sie ihn im Gebüsch hört, flieht sie zu den anderen zurück. Florio findet sie nicht mehr. Er wird dann vom Hausherrn Pietro genau ausgefragt, was er denn im Leben anfangen wolle.

Schließlich entdeckt er doch die Griechin wieder und fragt sie nach ihrem Namen. Sie wehrt ab und fordert ihn dazu auf, das Leben zu genießen, statt nach den Wurzeln der Dinge zu fragen („denn unten ist es freudlos und still", R S. 31, Z. 5 f./HL S. 26, Z. 18 f.). Im Mondlicht kommt sie ihm größer, schlanker und edler vor als vorher beim Tanz. Bei der Verabschiedung schlägt sie den Schleier

> Die verkleidete Dame erscheint ihm im Mondlicht wie die Venusstatue

3.2 Inhaltsangabe

zurück und Florio ist entsetzt, sie sieht aus wie das Marmorbild am Weiher. Sie besteigt ihr schneeweißes Pferd, nachdem sie ihn in ihr Haus eingeladen hat.

**Die Dame im griech. Gewand ist Bianka**

Florio wird von Fortunato gerufen, der ihn schon länger gesucht hat. Sie gehen auf die Terrasse, dort findet er Bianka wieder, die sich als die Nichte des Hausherrn herausstellt. Er fragt sie, warum er sie den ganzen Abend nicht gesehen habe. Sie meint, er habe sie öfter gesehen, schaut auf die Rose an seiner Brust und Florio fällt ein, dass er die Griechin doppelt wahrgenommen hatte. Bianka fragt Florio, ob er Lucca verlassen werde und er meint zerstreut: „bald, recht sehr bald" (R S. 34, Z. 2 f./HL S. 28, Z. 27 f.) und reitet in die Stadt zurück.

Plötzlich wechselt die Perspektive: Bianka sitzt weiter allein auf der Terrasse und sinnt traurig darüber nach, dass ihr Traum sie getäuscht hatte. Sie hatte nach dem Abend bei den Zelten mit einem Blumenkranz geschlafen, was ihr ihren zukünftigen Ehemann zeigen sollte. Obwohl Florio ihr im Schlaf erschienen war, hatte er sich jetzt von ihr abgewandt („Nun war alles Lüge, er war ja so zerstreut, so kalt und fremde!", R S. 34, Z. 28 f./HL S. 29, Z. 6 f.).

### Einige Tage später

(R S. 35–43/HL S. 29–35)

**Florio und Donati besuchen die schöne Dame in ihrem Palast**

Florio sitzt mit Donati vor dessen Landhaus. Waldhörner erklingen und die schöne Frau reitet mit ihrem Schimmel in Jagdkleidung und mit einem Falken auf der Hand am Haus vorbei. Sie grüßt Florio freundlich und Donati und Florio beschließen, sie zu besuchen. Ihr Palast gleicht einem griechischen Tempel. Sie ruht umgezogen in einem blauen Kleid auf einem Liegebett und wird von Jungfrauen umgeben, die sie frisieren, mit Rosen schmücken und zur Laute singen. Sie lässt sich von Florio nicht stören, plaudert über Belang-

## 3.2 Inhaltsangabe

loses mit ihm, schaut ihn aber so lieblich an, dass es ihm „durch die innerste Seele ging" (R S. 37, Z. 22/HL S. 31, Z. 10).

Als es Nacht wird, nimmt die schöne Dame Florio in ein anderes Zimmer im Inneren des Palasts mit, wo sie mit ihm allein ist. Sie wirft ihren Schleier hin und her, was auch ihren nackten Körper zeigt und Florio erregt. Da hört er Fortunatos Stimme, der ein altes frommes Lied singt, das Florio aus seiner Jugend kennt. Er fragt, ob sie den Sänger kenne, sie verneint und verstummt. Florio betrachtet die Dekoration des Raumes: Auf den seidenen Tapeten erkennt er die Dame wieder, sie erinnern ihn aber auch an Bilder, die er in seiner Kindheit oft gesehen hatte. Er erzählt der Dame, dass diese Bilder nun lebendig geworden seien. Die Dame antwortet, das gehe jedem so, dass man glaube, sie schon einmal gesehen zu haben.

> Florios Erinnerungen werden im Palast der Dame lebendig

Plötzlich steht Florio auf und es scheint, als erwache er aus einem Traum und kommt sich „wie aus sich selber verirrt" vor (R S. 40, Z. 4/HL S. 33, Z. 4). Die Dame beängstigt ihn nun und er sagt: „Herr Gott, lass mich nicht verloren gehen in der Welt!" (R S. 40, Z. 7 f./HL S. 33, Z. 6 f.) Da erhebt sich ein Gewitter. Auf dem Fenstersims entkommt eine Schlange, ein Blitz erhellt das Gemach und plötzlich erscheint ihm die Dame wie von Marmor, mit geschlossenen Augen und weißem Gesicht. Florio taumelt zurück und stößt an eines der steinernen Bilder, woraufhin alle Bilder lebendig werden. Er zieht seinen Degen und sieht, dass die Dame weiter bleich wird „gleich einer versinkenden Abendröte, worin endlich auch die lieblich spielenden Augensterne unterzugehen" scheinen (R S. 41, Z. 8 ff./HL S. 33, Z. 40 ff.).

> Die Dame wirkt versteinert und die Statuen werden lebendig

Er graut sich mehr und mehr vor ihr, den Schlangen und der nun lebendigen Wandtapete und rettet sich zu Donatis Haus. Dieses ist aber verwandelt in eine kleine Hütte und ein Gärtner kommt mit einem Spaten und singt: *Vergangen ist die finstre Nacht* (R S. 42/HL S. 34). Auf Nachfrage Florios meint dieser Mann, er kenne Donati

> Florio kann Traum und Realität nicht mehr unterscheiden

3.2 Inhaltsangabe

nicht. Florio zweifelt an seiner eigenen Zeitwahrnehmung („Mein Gott! wo bin ich denn so lange gewesen!", S. 42, Z. 26 f./HL S. 35, Z. 3 f.) und flieht zurück zu seiner Herberge. Tiefe Wehmut nach der verblichenen Schönen ergreift ihn und er möchte sterben. „In solchem unseligen Brüten und Träumen blieb er den ganzen Tag und die darauf folgende Nacht hindurch." (S. 43, Z. 3 f./HL S. 35, Z. 12 f.)

### Der letzte Tag
(R S. 43–49/HL S. 35–40)

Florio verlässt Lucca und den Venus-Spuk

Florios Diener drängt ihn, Lucca zu verlassen. Als er aus der Stadt reitet, trifft er Fortunato, Pietro und einen schweigsamen Knaben. Sie kommen an einem alten verfallenen Gemäuer vorbei und an einem Weiher, wo ein zum Teil zertrümmertes Marmorbild steht. Fortunato singt *Von kühnen Wunderbildern* (R S. 44–46/HL S. 36–38), er erklärt, dass hier ein ehemaliger Tempel der Venus gestanden habe. Diese erstehe in jedem Frühling neu auf und verführe junge, unerfahrene Jünglinge. Mit seinem alten frommen Lied habe er aber den Spuk gebannt.

Bianka reitet mit ihm

Florio singt *Hier bin ich, Herr! Gegrüßt das Licht* (R S. 47/HL S. 39) und erkennt plötzlich in dem Jungen Bianka. Er ist erstaunt über ihre Schönheit und meint: „Ich bin wie neu geboren, es ist mir, als würde noch alles gut werden, seit ich Euch wiedergefunden." (R S. 49, Z. 6 ff./HL S. 40, Z. 3 ff.)

## 3.3 Aufbau

**ZUSAMMEN-FASSUNG**

Der Aufbau der Novelle *Das Marmorbild* gleicht dem eines Dramas und die Handlung wird dabei durch den Einsatz von Liedern gegliedert.

Die Struktur ist chronologisch: Es findet sich eine Abfolge von vier Tagen und Nächten, darauf folgt ein Sprung von mehreren Tagen und sie endet mit einem Tag danach. Der Ort der Handlung ist die italienische Stadt Lucca und ihre Umgebung, vor allem ein verlassener Garten, wo Florio die Marmorstatue entdeckt, und das Landhaus von Donati.

### Die dramenähnliche Struktur

Einer **Exposition** folgt ein **erregendes Moment** (das Finden der Statue), die Spannung steigt bis zu einem **ersten Höhepunkt** (dem Maskenball) und kippt schließlich nach einem **zweiten Höhepunkt** (der erneuten Begegnung mit der schönen Dame in ihrem Palast), wobei ein **verzögerndes Moment** eingesetzt wird (Florios Depression), um schließlich in einer Wiederbegegnung mit Bianka und einem glücklichen Verlöbnis zu enden:

Die Handlung folgt der Lebensreise des jungen Mannes Florio, der sich aus der Beengung der Heimat herausgelöst hat und durch das Reisen sich selbst kennenlernen möchte (R S. 3/HL S. 5). Er begegnet in der Exposition (R S. 3–17/HL S. 5–15) einem Gegensatzpaar, das jeweils die guten und die bösen Mächte repräsentiert: Fortunato und Bianka auf der einen Seite und Donati und die Venus auf der anderen Seite. Dieser **Antagonismus** bestimmt auch den Aufbau der Novelle: Begegnungen mit dem einen Gegensatzpaar werden immer wieder gefolgt von Begegnungen mit dem anderen.

Exposition

3.3 Aufbau

**AUFBAU**

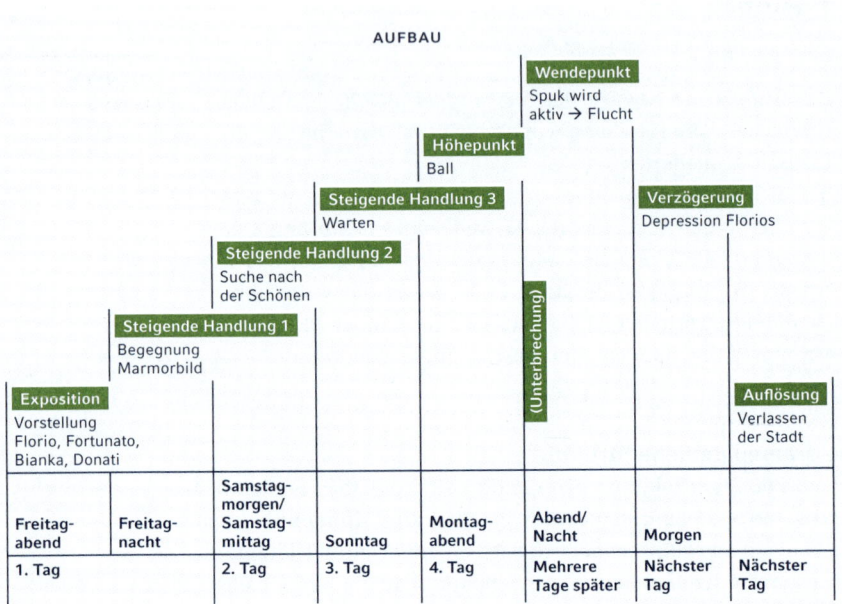

Steigende Handlung

Gegliedert wird diese Abfolge durch eine klare Tag- und Nacht-folge von vier Tagen und Nächten. Die Handlung wird zunächst angestoßen durch die Begegnung mit der Venusstatue in der Nacht, woraufhin Florio immer wieder versucht, diese Figur wiederzufinden.

Höhepunkt

Den Höhepunkt stellt dabei der Ball dar, bei dem Florio „eine alte Bekannte" (R S. 25/HL S. 22) wiederzutreffen hofft, aber auf Bianka trifft. Das bei den Romantikern beliebte **Doppelgängermotiv** führt zu einer Verschmelzung der beiden Frauengestalten.

3.3   Aufbau

Der Ball wird in einer Gegenveranstaltung im Landhaus von Donati wiederholt, dort trifft Florio im Venustempel auf die verführerische Schöne, die sich ihm offen erotisch anbietet. Dies führt aber
zu einer Wende, denn Florio hört – gesungen von Fortunato – ein
rettendes „altes frommes Lied, das er in seiner Kindheit oft gehört"
(R S. 38/HL S. 31) hatte und dieses schützt ihn vor den Reizen der
heidnischen Naturgöttin. Er begreift seine Begeisterung für die Venus als Verirrung. Das Auftauchen der Schlange erinnert an die Vi-
sion des Teufels, der in den Abgrund fährt. Die Venus erstarrt wie
tot und entzaubert sich dadurch selbst.

Wendepunkt

Trotz dieser **positiven Wendung** ist Florio weiter von Todessehn-
sucht und Wehmut bestimmt. Dieser Zuspitzung seiner geistigen
und körperlichen Krise entkommt er erst, als er die Stadt verlässt
und Fortunato ihm durch sein Lied die Augen öffnet: „Da in den
lichten Räumen / Erwacht das Menschenkind / Und schüttelt böse
Träume / Von seinem Haupt geschwind." (R S. 46/HL S. 37) Florio
werden die Augen geöffnet für ein „anderes Frauenbild", nämlich
das von Bianka.

Verzögerung und
Auflösung

## Die gliedernde Funktion der Lieder

| SÄNGER | LIEDBEGINN | INHALT | SEITE |
|---|---|---|---|
| Florio | *Jeder nennet froh die Seine* | Lied an Bianka | R S. 7/ HL S. 8 |
| Fortunato | *Was klingt mir so heiter* | Lied über Bacchus und Venus | R S. 8/ HL S. 9 |
| Florio | *Wie kühl schweift sich's bei nächt'ger Stunde* | Verliebtes Ständchen in der Herberge – ist es wirklich für Bianka oder doch für eine andere? | R S. 14/ HL S. 14 |

3.3 Aufbau

| SÄNGER | LIEDBEGINN | INHALT | SEITE |
|---|---|---|---|
| Venus | *Was weckst du, Frühling, mich von neuem wieder?* | Lied über die mythologische Auferstehung der Venus im Frühling | R S. 21/ HL S. 18 |
| Venus | *Über die beglänzten Gipfel* | Bild erwacht in der Mondnacht zum Leben | R S. 28/ HL S. 24 |
| Fortunato | *Still in Luft* | Fortunato singt über die Verliebten bei dem Ball | R S. 32/ HL S. 27 |
| Gärtner | *Vergangen ist die finstre Nacht* | Gärtner geht am Morgen neben Donatis Hütte zur Arbeit | R S. 42/ HL S. 34 |
| Fortunato | *Von kühnen Wunderbildern* | Erzählung der Sage von Venus und ihrem Spuk | R S. 44/ HL S. 36 |
| Florio | *Hier bin ich, Herr! Gegrüßt das Licht* | Erlösung von dem Spuk | R S. 47/ HL S. 39 |

4  REZEPTIONS-
   GESCHICHTE
5  MATERIALIEN
6  PRÜFUNGS-
   AUFGABEN

3.4  Personenkonstellation und Charakteristiken

# 3.4 Personenkonstellation und Charakteristiken

Die Hauptpersonen sind:

**Florio:**

→ junger, kräftiger Mann, noch auf der Suche nach sich selbst

→ lässt sich stark von Begegnungen mit anderen Menschen beeinflussen

→ hat sein Elternhaus verlassen, um die Welt kennenzulernen

→ entdeckt dabei seine eigenen Erinnerungen und Wünsche

**Fortunato:**

→ bekannter Sänger

→ blickt optimistisch und zuversichtlich in die Welt, vertritt christliche Werte

→ eine Art Mentor für Florio, er lässt ihn (auch negative) Erfahrungen machen, damit dieser schließlich selbst den rechten Weg findet

**Donati:**

→ Gegenpol zu Fortunato

→ versucht, Einfluss auf Florio zu nehmen, verführt ihn, sich auf die Venus einzulassen

3.4   Personenkonstellation und Charakteristiken

**Bianka:**
→ Florios erste Liebe
→ wird von ihm zugunsten der schönen Frau verlassen und
  leidet darunter
→ wird selbst nicht aktiv, wartet auf Florios Zuwendung am
  Ende

**Die schöne Frau/Venus:**
→ ähnelt der Marmorstatue, die Florio entdeckt hat
→ scheint gefährliche, verführerische Frau zu sein, ist aber
  nur eine Spukerfahrung, die sich auflöst, als Florio zu
  sich selbst kommt

Dabei wird deutlich, dass es zwei Personengruppen gibt, die
einander gegenüberstehen: Fortunato und Bianka auf der einen Seite, Donati und die schöne Frau/Venus auf der anderen
Seite. Florio muss sich für eine der beiden Frauen und ihre
Welt entscheiden.

In Märchen gibt es nur wenige typisierte Figuren, die jeweils
den Dualismus von „Gut" und „Böse" repräsentieren. Auch Novellen weisen nur ein begrenztes Figurenrepertoire auf. Eichendorffs
„Märchennovelle" vereinigt beide Gattungen. Schon allein die spre-
chenden Namen der Figuren zeigen, dass sie nicht lebenswirklich
oder komplex agierende Menschen aus der Realität darstellen, sondern eine bestimmte Symbolebene repräsentieren.

3.4 Personenkonstellation und Charakteristiken

**FIGURENKONSTELLATION**

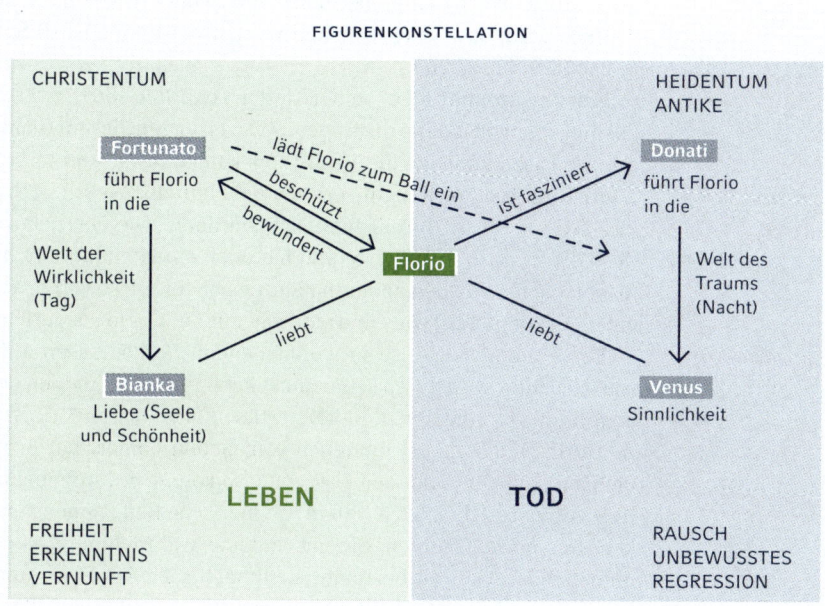

## Florio

Florio (von lat. florere: blühen) repräsentiert am ehesten Eichendorffs Bild vom Menschen und vom Künstler. Sein eigenes Pseudonym war zu Beginn seiner Schreibtätigkeit „Florens".

Florio macht im Laufe der Novelle eine Entwicklung durch, sowohl was seine Liebesfähigkeit angeht, aber auch seine Einstellung zur Kunst oder zur Religion. So bekräftigt seine negative Erfahrung mit der Venus seine religiösen Gefühle, die er am Anfang noch unsicher vertritt. Dies zeigt sich etwa, als Donati ihn an einem Sonntag

Florios Figur ist als einzige progressiv angelegt

### 3.4 Personenkonstellation und Charakteristiken

zur Jagd abholen möchte, was Florio zu verwundern scheint, sodass deutlich wird, dass er christlichen Werten verbunden ist (R S. 24, Z. 24/HL S. 21, Z. 26 f.).

Erst das „fromme Lied" seiner Kindheit (vgl. R S. 38/HL S. 31) öffnet ihm aber vollständig die Augen, wie weit er von diesem Glauben mit der Faszination für die Venus abgekommen war und er betet: „Herr Gott, lass mich nicht verloren gehen in der Welt!" (R S. 40, Z. 7 f./HL S. 33, Z. 6 f.) Er fühlt sich am Ende „wie neu geboren" (R S. 49, Z. 6/HL S. 40, Z. 6) und hat doch eine Reifung durchgemacht, die ihn von den anderen Figuren abhebt. Diese verharren in einem bestimmten Typus und sind alle nur auf Florio ausgerichtet.

**Disposition zum Träumen**

Er ist möglicherweise in wohlhabenden Verhältnissen aufgewachsen, dies wird durch seine Rückblicke auf seine Kindheit deutlich, in der er von Kunst und Natur im „stillen Garten" (R S. 39, Z. 19/HL S. 32, Z. 29) umgeben war. Schon damals hat er sich die Fähigkeit zum Träumen erworben, so konnte er „stundenlang" (R S. 39, Z. 21/HL S. 32, Z. 30) in träumerische Reflexionen versinken. Das naive Träumen, die unschuldige Wahrnehmung der ihn umgebenden Umwelt bestimmt auch noch sein Wesen als junger Mann. Teilweise wird dies als unbeschwerte „Traumblüten" (R S. 24, Z. 11 f./HL S. 21, Z. 15) dargestellt, teilweise leidet er aber auch unter seinen Träumen („wie ein Fieberkranker in die wunderlichsten Träume versank", R S. 34, Z. 15 f./HL S. 28, Z. 38 f.). Nur diese Disposition zum Träumen öffnet ihn für die Begegnung mit der schönen Frau und lässt ihn fast schlafwandlerisch den Weg zu ihr zurückfinden.

### Bianka

**Bianka ist unschuldig und keusch**

Bianka (von ital. bianco: weiß) personifiziert Unschuld, Reinheit und Arglosigkeit. Ihre unschuldige, naive Weltsicht wird allerdings durch Florio verletzt: Bis zum Schluss leidet sie darunter, dass er

3.4 Personenkonstellation und Charakteristiken

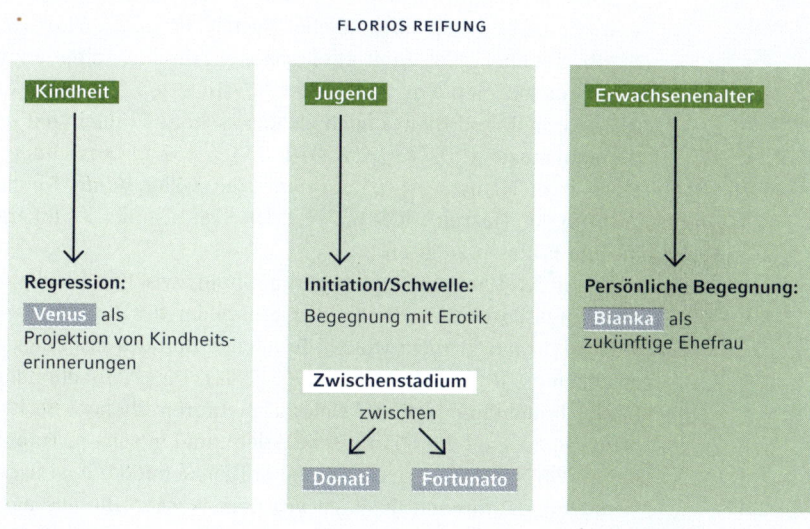

**FLORIOS REIFUNG**

sie zwar am Anfang küsst, sie sich aufgrund ihres Traums und des Blumenkranzes auch Hoffnung auf ihn gemacht hat, er sie dann aber offensichtlich zugunsten einer anderen Frau verlässt. So lange sie Florio nur als Frau sexuell anzieht, ist sie in Konkurrenz zu dieser Gegenspielerin, er kann sie als Person nicht wahrnehmen, ja verwechselt sie sogar in der Ballszene mit der „schönen Frau".

Erst als sie am Schluss die Sexualisierung aufgibt und zusammen mit ihrem Onkel Pietro als Junge auftritt, ist sie eigenständig. Florio erkennt ihre wahre Schönheit erst am Ende der Geschichte: „Eine seltsame Verblendung hatte bisher seine Augen wie mit einem Zaubernebel umfangen. Nun erstaunte er ordentlich, wie schön sie war!" (R S. 48, Z. 28 ff./HL S. 39, Z. 33 ff.)

3.4   Personenkonstellation und Charakteristiken

**Inbegriff des Frühlings**

    Äußerlich wird Bianka als zierliches, anmutiges Mädchen beschrieben, mit „fast noch kindlicher Gestalt" (R S. 5, Z. 6 f./HL S. 6, Z. 28). Sie blickt Florio mit ihren schönen, großen Augen an und errötet gleichzeitig (vgl. R S. 5, Z. 17 ff./HL S. 6, Z. 38 f.). Im weiteren Verlauf wird Bianka auch als das „schöne Fräulein mit dem Blumenkranze" (R S. 12, Z. 8 f./HL S. 12, Z. 7 f.) bezeichnet, da Florio ihren Namen erst später erfährt. Ihr „voller, bunter Blumenkranz in den Haaren" (R S. 5, Z. 8 f./HL S. 6, ) ist hier als Inbegriff für den Frühling zu lesen.

**Verschränkung der Frauengestalten Bianka und Venus**

    Damit wird aber auch eine Verknüpfung zwischen Bianka und der Venus geschaffen. Beide sind Sinnbilder des Frühlings (vgl. auch Bianka „war recht wie ein fröhliches Bild des Frühlings anzuschauen", R S. 5, Z. 9 f./HL S. 6, Z. 31). Diese Verschränkung beider Frauenfiguren findet sich auf mehreren Ebenen: So ist es schon Bianka, die Florio erotisch anzieht, und in seinem Traum in der ersten Nacht in Lucca verbindet er Bianka mit der heidnischen Versuchung: „Sirenen tauchten aus dem Wasser, die alle aussahen, wie das schöne Mädchen mit dem Blumenkranze" (R S. 14, Z. 3 ff./HL S. 13, Z. 23 ff.). Noch deutlicher wird die Vermischung bei dem Maskenfest, bei dem auch Bianka ein griechisches Kostüm trägt und in ihr scheint Florio die Venus „noch einmal" zu erkennen (R S. 28, Z. 5/HL S. 24, Z. 8). Ihre Eigenschaften tauchen auch bei der „schönen Frau" auf: Auch diese ist schüchtern und scheu (vgl. R S. 30, Z. 22/HL S. 26, Z. 2).

### Fortunato

**Minnesänger**

Fortunato (von lat. fortunatus: glücklich, in Anlehnung an die römische Göttin Fortuna, der Göttin des Glücks) ist für Eichendorff ein Vertreter der mittelalterlichen Minnesänger, die durch die Lande ziehen. Dies wird durch seine Kleidung deutlich („bunte Tracht", „goldene Kette", „samtnes Barett mit Federn", R S. 3, Z. 10 f./HL

3.4  Personenkonstellation und Charakteristiken

S. 5, Z. 9 f.). Er versucht, Florio auf den rechten Weg zurück zu Gott zu bringen und ist in diesem Sinne nicht nur selbst in sich glücklich, sondern vor allem „glücksbringend".

 Er ist bescheiden und verweist nie auf seinen Ruhm, seine goldene Kette und seine Beliebtheit und Bekanntheit erkennt Florio erst im Nachhinein. Obwohl Florio von Fortunato von Anfang an durch sein „frisches keckes Wesen" (R S. 3, Z. 16/HL S. 5, Z. 14) begeistert ist, erfährt er erst später, dass ihm Fortunato eigentlich schon lange bekannt war. Schon hier wird deutlich, dass Fortunato für Florio zum Mentor oder Führer wird, er nimmt ihn mit zu einer Gesellschaft, an der Florio ohne Umstände teilnehmen darf.

**Mentor und Lenker Florios**

 Fortunato zeigt sein gutes Gewissen durch eine fröhliche Stimme, große, seelenvolle und geistreiche Augen. Er ist der Vertreter des Morgens und begegnet Florio zu dieser Tageszeit besonders oft. Das zeigt seine aufklärende Funktion: Der Morgen „macht eben nicht sonderlich viel aus den sanften Empfindungen, sondern greift kühl an alle Glieder und lacht einem ins lange Gesicht, wenn man so presshaft und noch ganz wie in Mondschein getaucht, vor ihn hinaustritt" (R S. 17, Z. 12 ff./HL S. 16, Z. 4 ff.).

**Vertreter des Morgens**

 Obwohl Fortunato von vielen bewundert wird und sie den Kontakt mit ihm suchen, bleibt er immer etwas distanziert in einer Beobachterposition, am deutlichsten ist dies zu Beginn des Textes: „Nur Fortunato allein gehörte allen, oder keiner an und erschien fast einsam in dieser anmutigen Verwirrung." (R S. 7, Z. 28 ff./HL S. 8, Z. 26 f.) Er erfüllt somit auch die Funktion, dass er immer dann auftaucht, wenn Florio ihn braucht, ohne dass dieser selbst es weiß. Fortunato rettet ihn am Ende auch aus den Fängen der Venus. Wie ein guter Vater macht er Florio aber keine Vorschriften, sondern lässt ihn seine Erfahrungen machen und ermahnt ihn nur manchmal, sich nicht zu verrennen. Dasselbe gilt für Florios Verhältnis

**Beobachterposition**

3.4  Personenkonstellation und Charakteristiken

zu Donati: Fortunato lässt ihn gewähren und führt ihn dann sanft
zurück, wenn dieser zu Donati abgleitet.

### Die schöne Dame/Venus

**Venus wird im Frühling erweckt**

Venus ist die römische Göttin der Liebe und Fruchtbarkeit und des
Frühlings. Sie wird in der Novelle im Frühling neu erweckt und
am Ende wieder zu einer Marmorstatue. Als „schöne Dame" er-
hält sie selbst keinen Namen, sondern wird nur indirekt mit dem
marmornen Bild in Verbindung gebracht. Sie ist schlank und hoch-
gewachsen und hat wie Bianka goldgelocktes Haar.

**Ähnlichkeit mit Diana und Eva**

In einer Szene wird sie mit der Jagdgöttin Diana verknüpft, die
in der antiken Mythologie eigentlich für die Keuschheit steht. Hier
trägt sie ein Jagdkleid und einen „grünlich-goldne(n) Edelstein"
(R S. 35, Z. 26/HL S. 29, Z. 33), was deutlich an die Farbe der Schlange „mit dem grünlichgoldenen Schweife" (R S. 40, Z. 14/HL S. 33,
Z. 13) erinnert, die sich auf ihrem Fenstersims befindet. Hier besteht
eine Verbindung zu Eva, der Verführerin aus der Schöpfungsge-
schichte. Sie reitet auf einem Schimmel und hat weiße Haut, dabei
muss die Farbe weiß nicht als Zeichen ihrer Unschuld gelesen werden, sie kann auch auf den Tod verweisen.

**Gegenspielerin und andere Seite von Bianka**

In einer anderen Szene aber trägt sie ein himmelblaues Gewand
(vgl. z. B. R S. 20, Z. 33/HL S. 18, Z. 29). Dies verweist eher auf
die Darstellung der Maria, ihrer Gegenspielerin, die im Lied von
Fortunato (R S. 46, Z. 1–8/HL S. 37, Z. 25–32) besungen wird. Die
Venus ist zum einen die Gegenspielerin von Bianka, aber auch ihre andere Seite, sodass Florio völlig verwirrt ist, als er glaubt, die
beiden Frauen seien eine Spiegelung derselben Figur. Dies lässt
sich auch damit erklären, dass die Verführerin Venus den beiden
Frauengestalten Bianka (irdische Frau) und Madonna (himmlische
Frau) gegenübersteht.

3.4 Personenkonstellation und Charakteristiken

Letztlich ist die Venus ein Trug- oder Wunschbild „aus andrem Reich" (R S. 44, Z. 20/HL S. 36, Z. 19), das nur in der Vorstellung von Florio existiert. Sie wird zwar von Fortunato deutlich als Monster abgetan, als er die Sage von der Venus-Wiederkehr am Schluss erzählt, gleichzeitig übt sie auf Florio aber eine unwiderstehliche Macht aus, die wohl aus ihrer Sinnlichkeit und ihrer Naturnähe erwächst. Wenn sie sich unter ihrem Schleier bewegt, enthüllt sie und verbirgt gleichzeitig ihre Nacktheit, sodass Florio sie „mit flammenden Augen" betrachtet (R S. 38, Z. 6/HL S. 31, Z. 27).

*Trug- und Wunschbild Florios*

### Donati

Donatis Namen kann man vom lateinischen „donatus" – gegeben, von Gott geschenkt – ableiten, aber das würde in diesem Zusammenhang kaum passen. Hilfreicher ist der Bezug zu den Donatisten, dies waren in der Nachfolge des Donatus von Karthago Anhänger einer kirchlichen Sekte. Dies könnte darauf verweisen, dass Donati eine aus christlicher Sicht zweifelhafte Lehre vertritt, indem er Florio zum Venusreich oder zu ketzerischen Handlungen (z. B. zur Jagd am Sonntag) verführt. Er ist demnach ein Verbündeter der Venus und hat die Aufgabe, Florio zu ihr zu führen. Damit ist er ein Vertreter der unchristlichen Verführung zur sinnlichen Begierde.

*Wie die Venus Vertreter der unchristlichen Verführung*

Er flüchtet, als er die Glocke hört, die zum Gottesdienst ruft, und erinnert somit an den Teufel, der Angst vor christlichen Symbolen hat. Er verachtet das Christentum (vgl. R S. 24, Z. 21–29/HL S. 21, Z. 24–31). Auch Donati lässt sich wie die Venus mit der Schlange verbinden, er trägt eine grünlich-gold schimmernde Rüstung. Sein Blick ist „irre flammend", er wird als „blass" und „wüst" beschrieben und hat „bleiche feine Lippen" (R S. 11, Z. 14 ff./HL S. 11, Z. 20 ff.). Einmal wird gesagt, Donati sehe „fast wie ein Toter aus" (R S. 22, Z. 5/HL S. 19, Z. 27 f.).

*Manchmal teuflisch*

3.4   Personenkonstellation und Charakteristiken

**Sinnbild für Poesie und Fantasie**

Er steht wie Fortunato für die Poesie und die Fantasie, aber er vertritt dabei eher die sinnliche Ebene und die Untiefen der emotionalen Verstrickungen.

**Gegenspieler Fortunatos**

Anfangs noch freundlich und unterhaltsam, ändert Fortunato sein Verhalten, als der „schwarze" Ritter (vgl. R S. 24, Z. 15/HL S. 21, Z. 18 f.) Donati erscheint. Er wird auf einmal wortkarg und beschimpft ihn gereizt als dunkle Nachtgestalt („Nachtschmetterling", „Mondscheinjäger", R S. 13, Z. 17 ff./HL S. 13, Z. 3 ff.). Hier erscheint Fortunato erstmals als Gegenspieler zu Donati. Er bekundet Florio, „der sich mit Donati schon ziemlich befreundet hatte" (R S. 13, Z. 21 f./HL S. 13, Z. 6 f.), sein Missfallen gegenüber dem Ritter.

### Pietro

**Biankas Onkel**

Pietro ist der Onkel von Bianka, er ist der ranghöchste Bürger dieser Novelle und sein Name verweist auf den heiligen Petrus, dessen Namen auch der Papst trägt. Ihm gehört das Landhaus vor der Stadt, wo das Maskenfest stattfindet (vgl. R S. 30, Z. 1 ff./HL S. 25, Z. 26 ff.). Er wird als „feiner, fröhlicher Mann von mittleren Jahren" (R S. 26, Z. 15 f./HL S. 22, Z. 39 f.) und als heiter (vgl. R S. 43, Z. 26/HL S. 35, Z. 33) und klug (vgl. R S. 48, Z. 20/HL S. 39, Z. 25) beschrieben.

## 3.5  Sachliche und sprachliche Erläuterungen

**ERSTER TAG**

| | | |
|---|---|---|
| R S. 3, Z. 1/<br>HL S. 5, Z. 1 | **Florio** | von lat. florere: blühen abgeleitet, Eichendorff verwendet gerne „sprechende Namen" |
| R S. 3, Z. 2/<br>HL S. 5, Z. 1 f. | **Edelmann** | Adliger |
| R S. 3, Z. 2/<br>HL S. 5, Z. 2 | **Lucca** | Stadt in der Toskana |
| R S. 3, Z. 5/<br>HL S. 5, Z. 2 | **zierlicher** | vornehmer, höfischer, gesitteter |
| R S. 4, Z. 7 ff./<br>HL S. 5, Z. 38 ff. | **zauberischer Spielmann ... Zauberberg** | Anspielung auf den mittelalterlichen Sänger Tannhäuser, der in den Zauberberg der Venus gelockt wurde[10] |
| R S. 4, Z. 24/<br>HL S. 6, Z. 10 | **Zelter** | bequemes Reitpferd |
| R S. 4, Z. 32/<br>HL S. 6, Z. 18 f. | **sittige** | ehrbare, vornehme |
| R S. 4, Z. 36/<br>HL S. 6, Z. 23 | **auf einem ... Plan** | auf einer ebenen Wiese |
| R S. 5, Z. 22 | **Florion** | Akkusativ von Florio (veraltet) |
| R S. 5, Z. 33/<br>HL S. 7, Z. 10 | **holdselig** | freundlich gesinnt, niedlich, freundlich gewogen |
| R S. 6, Z. 1/<br>HL S. 7, Z. 14 | **ordentlich** | ziemlich, sehr |
| R S. 6, Z. 12/<br>HL S. 7, Z. 23 | **den Blöden** | den Schüchternen, Zaghaften |
| R S. 7, Z. 2/<br>HL S. 8, Z. 2 | **Bangigkeit** | Niedergeschlagenheit |

---

10   Vgl. dazu Kapitel 3.1 Entstehung und Quellen, S. 33 f.

3.5 Sachliche und sprachliche Erläuterungen

| R S. 7, Z. 22/<br>HL S. 8, Z. 20 | argloses | unschuldiges, ohne böse Hinter-<br>gedanken |
|---|---|---|
| R S. 8, Z. 2/<br>HL S. 8, Z. 33 | hegte | empfand |
| R S. 8, Z. 20/<br>HL S. 9, Z. 9 | Bachus | Bacchus (griech. Dionysos) ist der<br>römische Gott des Weines, der Frucht-<br>barkeit und der Vegetation. |
| R S. 9, Z. 3/<br>HL S. 9, Z. 23 | Lohe | Glut |
| R S. 9, Z. 6/<br>HL S. 9, Z. 26 | Zauberring | Bannkreis |
| R S. 9, Z. 7/<br>HL S. 9, Z. 27 | Zart' Bübchen<br>mit Flügeln | Eros (auch Amor oder Cupido) ist<br>Begleiter der Venus und wird als ge-<br>flügelter Knabe mit Pfeil und Bogen<br>dargestellt. |
| R S. 10, Z. 5 ff./<br>HL S. 10, Z. 18 ff. | Mit blühendem<br>Mohne ... Und<br>Lilienkronen ...<br>Und manchmal<br>da drehet / Die<br>Fackel er um | Der antike Todesgenius; als Zwillings-<br>bruder des Schlafes ist er mit dem<br>Attribut des Mohnes dargestellt, er<br>trägt einen Totenkranz aus Lilien und<br>senkt eine Fackel zur Erde. |
| R S. 11, Z. 11/<br>HL S. 11, Z. 18 | in reichem Ge-<br>schmeide | mit wertvollem Schmuck |
| R S. 11, Z. 26 f./<br>HL S. 11, Z. 32 | beredt | hier: gesprächig |
| R S. 11, Z. 33/<br>HL S. 11, Z. 38 | Donati | hier: Anhänger der kirchlichen Sekte<br>des Bischofs Donatus von Karthago |
| R S. 12, Z. 18 | Florion | Dativ von Florio (veraltet) |
| R S. 12, Z. 33 ff./<br>HL S. 12, Z. 29 ff. | Donatis Ross,<br>das ... gescheu-<br>et, ... und wollte<br>nicht hinein | Der Reiter eines Pferdes, das vor einem<br>Tor scheut, hatte angeblich Schuld auf<br>sich geladen und ein schlechtes Ge-<br>wissen. |
| R S. 13, Z. 17/<br>HL S. 13, Z. 3 | falben | bleichen |

3.5   Sachliche und sprachliche Erläuterungen

| R S. 13, Z. 17/<br>HL S. 13, Z. 3 | ungestalten | plumpen |
|---|---|---|
| R S. 13, Z. 27/<br>HL S. 13, Z. 11 | Schmachthahn | verächtlich für jemanden, der Hunger, Durst oder Sehnsucht demonstriert |
| R S. 13, Z. 27/<br>HL S. 13, Z. 11 | Renommisten | Angeber |
| R S. 13, Z. 30/<br>HL S. 13, Z. 15 | Gemach | Zimmer |
| R S. 14, Z. 3/<br>HL S. 13, Z. 23 | Sirenen | Die Sirenen sind Wesen aus der griechischen Mythologie (Odyssee) mit der Gestalt eines Vogels und dem Kopf einer Frau. Durch ihren besonders anziehenden Gesang locken sie die Seefahrer an und töten sie. |
| R S. 14, Z. 30/<br>HL S. 14, Z. 4 | Zither | Saiteninstrument |
| R S. 15, Z. 2/<br>HL S. 14, Z. 10 | Buchensaal | Buchenwald |
| R S. 15, Z. 31 ff./<br>HL S. 15, Z. 2 ff. | marmornes Venusbild ... aus den Wellen aufgetaucht | In der griechischen Mythologie wurde die griechische Göttin Aphrodite (= römische Göttin Venus) aus dem Schaum des Meeres geboren. |
| R S. 16, Z. 23/<br>HL S. 15, Z. 21 | schreckhaft | schreckenerregend |
| R S. 16, Z. 31/<br>HL S. 15, Z. 28 f. | hinter ihm dreinzulangen | nach ihm zu greifen |
| ZWEITER TAG | | |
| R S. 17, Z. 15/<br>HL S. 16, Z. 6 | presshaft | gebrechlich, kränklich |
| R S. 17, Z. 23/<br>HL S. 16, Z. 14 | zum Exempel | zum Beispiel |
| R S. 17, Z. 29 | Fortunaton | Akkusativ von Fortunato (veraltet) |

3.5   Sachliche und sprachliche Erläuterungen

| | | |
|---|---|---|
| R S. 18, Z. 19/ HL S. 16, Z. 38 | **Plunder** | unnützes Zeug |
| R S. 19, Z. 2/ HL S. 17, Z. 12 | **Walten** | Wirken, Schaffen |
| R S. 19, Z. 16/ HL S. 17, Z. 26 | **Sphinxen** | Sphinx: mythologische Figur mit Menschenkopf und Löwenkörper; steinerne Sphinxen wurden im 17. und 18. Jahrhundert gerne als Schmuck in Gärten aufgestellt. |
| R S. 19, Z. 23/ HL S. 17, Z. 31 f. | **zweifelhaft** | hier: zweifelnd, unschlüssig |
| R S. 19, Z. 24/ HL S. 17, Z. 32 f. | **emsiger** | fleißiger |
| R S. 19, Z. 33/ HL S. 17, Z. 40 | **Lustgarten** | prächtig angelegter Ziergarten |
| R S. 20, Z. 30/ HL S. 18, Z. 26 | **Achseln** | hier: Schultern |
| R S. 20, Z. 33/ HL S. 18, Z. 29 | **himmelblaues Gewand** | In der Regel wird Venus unbekleidet dargestellt; das hier genannte blaue Gewand erinnert an die Göttin Minerva (Athene) oder die heilige Maria. |
| R S. 21, Z. 13/ HL S. 19, Z. 4 | **Najaden** | Quell- und Wassernymphen |
| R S. 21, Z. 14/ HL S. 19, Z. 5 | **Klause** | Einfriedung; eigentlich Zelle eines Einsiedlers |
| R S. 21, Z. 15/ HL S. 19, Z. 6 | **buhlerisch** | unzüchtig, unsittlich |
| R S. 21, Z. 33/ HL S. 19, Z. 22 f. | **Bildereien** | Reliefs |
| R S. 22, Z. 1/ HL S. 19, Z. 24 | **Säulenknäufen** | Säulenkapitellen (oberer Teil der Säule) |
| R S. 22, Z. 4/ HL S. 19, Z. 26 f. | **seine Mienen** | sein Aussehen |

3.5   Sachliche und sprachliche Erläuterungen

| | | |
|---|---|---|
| R S. 22, Z. 8/<br>HL S. 19, Z. 30 | **stier** | starr |
| R S. 22, Z. 25/<br>HL S. 20, Z. 5 | **angeflogen** | eingefallen, in den Sinn gekommen |
| R S. 23, Z. 25/<br>HL S. 20, Z. 38 f. | **Kaskaden** | künstlich angelegte, stufenförmige<br>Wasserfälle |
| R S. 23, Z. 26/<br>HL S. 20, Z. 39 | **Grotten** | künstlich angelegte Höhlen |
| R S. 23, Z. 32/<br>HL S. 21, Z. 2 | **künstlich** | kunstvoll |
| R S. 24, Z. 7/<br>HL S. 21, Z. 11 | **unbefriedigt** | unzufrieden |
| **DRITTER TAG** | | |
| R S. 24, Z. 23 f./<br>HL S. 21, Z. 26 f. | **Zur Jagd? …<br>heute am heili-<br>gen Tage?** | Nach dem Volksglauben steht Jagd-<br>glück in Zusammenhang mit Magie,<br>weshalb Jäger, die die kirchlichen<br>Jagdeinschränkungen an Sonn- und<br>Feiertagen missachten, mit Versteine-<br>rung oder Verweigerung der ewigen<br>Ruhe bestraft werden. |
| R S. 24, Z. 25 f. | **ingrimmigen** | grimmigen |
| R S. 24, Z. 29/<br>HL S. 21, Z. 31 | **Frau Base** | Kusine oder Tante |
| R S. 25, Z. 11 f./<br>HL S. 22, Z. 4 | **geklemmter** | beklommener |
| R S. 25, Z. 25/<br>HL S. 22, Z. 16 | **müßig** | gemütlich |
| R S. 25, Z. 27/<br>HL S. 22, Z. 17 | **schöngeputzte** | schön gekleidete |
| **VIERTER TAG** | | |
| R S. 26, Z. 24 f./<br>HL S. 23, Z. 5 | **ergötzten sich** | erfreuten sich |

3.5  Sachliche und sprachliche Erläuterungen

| | | |
|---|---|---|
| R S. 26, Z. 33/<br>HL S. 23, Z. 12 | **Larve** | Maske |
| R S. 27, Z. 34/<br>HL S. 24, Z. 2 | **Gauklerin** | Schauspielerin, aber auch Betrügerin |
| R S. 27, Z. 35/<br>HL S. 24, Z. 3 | **Schildereien** | Malereien, Reliefs |
| R S. 29, Z. 2/<br>HL S. 24, Z. 36 | **verwacht** | übernächtigt |
| R S. 29, Z. 5/<br>HL S. 24, Z. 39 | **linde** | sanfte |
| R S. 29, Z. 18/<br>HL S. 25, Z. 11 | **Reh** | Eichendorff verwendet den Begriff<br>Reh wiederholt für ein begehrtes<br>Mädchen.[11] |
| R S. 29, Z. 24/<br>HL S. 25, Z. 16 | **Parodien** | Nachahmungen |
| R S. 31, Z. 18/<br>HL S. 26, Z. 30 | **halbkenntlich** | nur kaum zu erkennen |
| R S. 31, Z. 32/<br>HL S. 26, Z. 42 f. | **schneeweißen<br>Zelter** | Schimmel; im Aberglauben gelten<br>Schimmel als Reittiere Verstorbener,<br>die in das Leben anderer eingreifen. |
| R S. 34, Z. 12 f./<br>HL S. 28, Z. 36 | **Hieroglyphe** | schwer entzifferbares Bildzeichen |
| R S. 34, Z. 21/<br>HL S. 29, Z. 1 | **falbe** | blasse |
| EINIGE TAGE SPÄTER | | |
| R S. 35, Z. 23/<br>HL S. 29, Z. 30 | **Anger** | Wiese, Weide |
| R S. 36, Z. 10/<br>HL S. 30, Z. 11 | **heidnischer<br>Tempel** | antike, nichtchristliche Götterstätte |

———

11   Vgl. Kapitel 3.7 Interpretationsansätze, S. 88.

## 3.5 Sachliche und sprachliche Erläuterungen

| | | |
|---|---|---|
| R S. 37, Z. 36/ HL S. 31, Z. 22 | **Gemächer** | Zimmer |
| R S. 38, Z. 4/ HL S. 31, Z. 25 | **mannigfaltigsten** | verschiedenartigsten, unterschied-lichsten |
| R S. 38, Z. 14/ HL S. 31, Z. 35 | **Nachsinnen** | Nachdenken |
| R S. 38, Z. 22/ HL S. 31, Z. 42 | **Bildsäulen** | Standbilder, Statuen |
| R S. 38, Z. 25/ HL S. 32, Z. 2 | **Historien** | Darstellung geschichtlicher Ereig-nisse |
| R S. 39, Z. 12/ HL S. 32, Z. 22 | **Karossen** | Kutschen |
| R S. 39, Z. 17/ HL S. 32, Z. 27 | **Heeresfahrten** | Eigentlich Kriegszüge; hier ist damit wohl die sogenannte Kavalierstour gemeint, eine Bildungsreise für junge Adelige ins europäische Ausland. |
| R S. 40, Z. 11/ HL S. 33, Z. 10 f. | **Fenstergesimse** | Fensterbrett |
| R S. 40, Z. 19/ HL S. 33, Z. 18 | **scheltend** | ausschimpfend |
| R S. 40, Z. 34/ HL S. 33, Z. 31 | **schwer-verhaltenen** | kaum zurückgehaltenen |
| R S. 41, Z. 7/ HL S. 33, Z. 39 | **verschwellenden** | anschwellenden, lauter werdenden |
| R S. 41, Z. 21/ HL S. 34, Z. 8 | **auf sich losdrin-gen sah** | auf sich zu drängen sehen |
| R S. 41, Z. 24/ HL S. 34, Z. 10 | **verworren** | verwirrt |
| R S. 41, Z. 31/ HL S. 34, Z. 17 | **Blendwerk** | Täuschung |

3.5   Sachliche und sprachliche Erläuterungen

**DER LETZTE TAG**

| | | |
|---|---|---|
| R S. 43, Z. 15/<br>HL S. 35, Z. 23 | **Oheim** | Onkel |
| R S. 44, Z. 11/<br>HL S. 36, Z. 9 | **fürlieb nehmen** | sich begnügen |
| R S. 44, Z. 23/<br>HL S. 36, Z. 22 | **Plan** | Eben |
| R S. 45, Z. 4/<br>HL S. 36, Z. 34 | **Lenz** | poetisch für: Frühling |
| R S. 45, Z. 20/<br>HL S. 37, Z. 14 | **Diana** | römische Jagdgöttin, griechisch Artemis |
| R S. 45, Z. 21/<br>HL S. 37, Z. 15 | **Neptunus** | römischer Gott des Meeres, griechisch Poseidon |
| R S. 46, Z. 1/<br>HL S. 37, Z. 25 | **Wogen** | Wellen |
| R S. 46, Z. 3/<br>HL S. 37, Z. 27 | **Hoch auf dem Regenbogen** | Der Regenbogen ist das Zeichen des von Gott mit Noah geschlossenen Bundes, er deutet als Zeichen des Weltgerichts auf das Weltende hin, aber auch auf die Zusage Gottes, den Menschen nicht vernichten zu wollen. |
| R S. 46, Z. 4/<br>HL S. 37, Z. 28 | **Ein andres Frau-enbild** | eine Madonna mit Kind |
| R S. 46, Z. 14/<br>HL S. 38, Z. 2 | **Kluft** | Felsspalte |
| R S. 47, Z. 1/<br>HL S. 38, Z. 19 f. | **Anfechtungen** | Erscheinungen |
| R S. 48, Z. 8 | **Pietron** | Akkusativ von Pietro (veraltet) |

# 3.6 Stil und Sprache

**ZUSAMMEN-FASSUNG**

Eichendorffs Stil ist bestimmt von stereotypen Formeln. Diese finden sich in immer wiederkehrenden Symbolen und Motiven:
→ Wasser
→ Musik
→ Garten
→ Reisen
→ ziellose Bewegung
Auffällig ist außerdem eine Verunsicherung des Lesers durch das Erzählen. Diese zeigt sich in der häufigen Verwendung von Konjunktiven, im Satzbau und in der Erzählhaltung des auktorialen Erzählers.

Insgesamt sorgt Eichendorff durch ständige Wiederholungen dafür, dass unterschiedliche Erfahrungsbereiche aufeinander bezogen werden. Dies gilt sogar für die Bereiche, die vordergründig erst einmal getrennt erscheinen – die reale Lebenswelt und die imaginäre Welt der Venus.

Es werden viele Adjektive benutzt, um die Stimmung besser beschreiben zu können. Dies wird an manchen Stellen so übertrieben, dass es für heutige Leser fast lächerlich wirkt, da jedes Nomen mit einem bekräftigenden und oft doch stark stereotypen Adjektiv verknüpft wird. Das zeigt schon der erste Satz des Textes:

Adjektivhäufung

„Es war ein **schöner** Sommerabend, als Florio, ein **junger** Edelmann, **langsam** auf die Tore von Lucca zuritt, sich erfreuend an dem **feinen** Dufte, der über der **wunderschönen** Landschaft und

3.6  Stil und Sprache

den Türmen und Dächern der Stadt vor ihm zitterte, so wie an den **bunten** Zügen **zierlicher** Damen und Herren, welche sich zu beiden Seiten der Straße unter den **hohen** Kastanien-Alleen **fröhlich** schwärmend ergingen." (R S. 3, Z. 1–8/HL S. 5, Z. 1–7).

Hier wie auch sonst im Text werden Adjektive als Epitheta (schmückende Beiwörter) verwendet, die oft kaum aussagekräftig sind. So findet sich eine Häufung von schön, lieblich, wunderbar, anmutig, zierlich, prächtig, träumerisch, ohne dass diese Begriffe im Einzelnen ausgeführt würden.

**Romantische Bildfelder**

Bestimmte Bildfelder, die romantischen Themen entsprechen, werden immer wieder wiederholt. Für das Unbewusste und damit im Bezug zum Ursprung stehen in diesem Text die zahlreichen Bezüge zum Symbol des **Wassers**, einige Beispiele sind:

→ „in die Abendgluten versinkende Landschaft" (R S. 7, Z. 5 f./ HL S. 8, Z. 5 f.),

→ „einsam auf einem mondbeglänzten Meer" (R S. 14, Z. 2/ HL S. 13, Z. 22),

→ „der Strom der Tage mit leichten, klaren Wellen" (R S. 20, Z. 16/HL S. 18, Z. 14 f.),

→ „dieses Meer von Lust" (R S. 27, Z. 7/HL S. 23, Z. 21 f.),

→ „der Gesang wie ein klarer, kühler Strom" (R S. 39, Z. 36 f./ HL S. 32, Z. 43 f.),

→ „gleich einer versinkenden Abendröte, worin endlich auch die lieblich spielenden Augensterne unterzugehen schienen" (R S. 41, Z. 8 ff./HL S. 33, Z. 40 ff.).

Ein anderes Symbol ist die **Musik**, der Klang, sie dient in dieser Novelle dazu, die Begrenzungen der Wirklichkeit aufzuheben, etwa durch die verknüpfende Funktion der Lieder:

→ „ein fröhlich-schallendes Reich von Musik" (R S. 4, Z. 19 f./HL S. 6, Z. 7),

3.6  Stil und Sprache

→  „der leichte Gesang, der nur gaukelnd [...] die Oberfläche des
    Lebens berührte" (R S. 6, Z. 34 f./HL S. 7, Z. 42 f.),
→  „während er einzelne Töne griff, die beschwichtigend über die
    stille Wiese dahinzogen" (R S. 12, Z. 22 ff./HL S. 12, Z. 20 f.),
→  „als blühe Leben wie ein lieblicher Gesang erwärmend
    durch die schönen Glieder hinauf" (R S. 16, Z. 16 f./HL S. 15,
    Z. 15 f.),
→  „als er Lautenklänge vernahm" (R S. 20, Z. 19 f./HL S. 18,
    Z. 17 f.),
→  „wohl kommt die Tanzmusik [...] recht wie ein Frühling leise und
    gewaltig über uns" (R S. 27, Z. 12 ff./HL S. 23, Z. 25 ff.),
→  „der melodische Klang ihrer Stimme drang ihm durch die Seele"
    (R S. 30, Z. 26 f.(HL S. 26, Z. 5 f.),
→  „ein wunderschöner Gesang" (R S. 38, Z. 7/HL S. 31, Z. 28 f.).
Die beiden Symbole Wasser und Musik werden immer wieder verknüpft und wirken so noch stärker, wie z. B.: „Über den stillen Garten
weg zog immerfort der Gesang wie ein klarer kühler Strom" (R S. 39,
Z. 35 ff./HL S. 32, Z. 43 f.). Auch der Garten ist in diesem Bildfeld
mit verwoben.

Der **Garten** tritt in Eichendorffs Werk häufig in Erscheinung, mit
jeweils unterschiedlicher Bedeutung: er kann Paradiesgarten, aber
auch Ort für Unheimliches, Dämonisches sein. Eichendorff gestaltet
damit ein typisch romantisches Thema:

Eine Figur wird von der Sehnsucht nach Weltoffenheit aus der
Heimat geführt (hier repräsentiert durch den Garten, der bei Eichendorff immer an seinen verlorenen Garten in Lubowitz erinnert). Die
Sehnsucht nach der „wunderschönen Ferne" ist gleichzeitig mit
dem Gefühl nach „großer unermesslicher Lust" (R S. 4, Z. 8 f./HL
S. 5, Z. 39 f.) verbunden. Sehnsucht und Gefühl werden jahres-
zeitlich verknüpft mit dem Frühling, aber auch mit der Öffnung zu
erotischen Erfahrungen.

3.6   Stil und Sprache

Damit wiederum verbunden ist das Motiv des **Reisens**: Im Bildungsroman, wie in Goethes Roman *Wilhelm Meisters Lehrjahre* (1795/96), gilt das Reisen als eine unbedingt notwendige Ausbildungsstufe für einen jungen Mann. Auch Florio sieht das Reisen als Möglichkeit, der Enge der Heimat zu entkommen und sich weiterzubilden:

> „Ich habe jetzt [...] das Reisen erwählt, und befinde mich wie aus einem Gefängnis erlöst, alle alten Wünsche und Freuden sind nun auf einmal in Freiheit gesetzt. Auf dem Lande in der Stille aufgewachsen, wie lange habe ich da die fernen blauen Berge sehnsüchtig betrachtet" (R S. 4, Z. 1–6/HL S. 5, Z. 33–37).

Ein weiteres, immer wieder auftauchendes Motiv ist das einer **ziellosen Bewegung**. Mehrmals verschieben sich Menschen, Blickwinkel oder Gegenstände unmerklich und ohne Logik. Dies beginnt schon mit der Beschreibung der Szenerie vor der Stadt Lucca zu Beginn des Textes:

→  „auf dem sich ein fröhlich-schallendes Reich [...] schimmernd hin und her bewegte" (R S. 4, Z. 19 ff./HL S. 6, Z. 6 ff.),

→  „wandelten sittige Frauen auf und nieder" (R S. 4, Z. 32/HL S. 6, Z. 18 f.),

→  „wie ein Blumenbeet, das sich im Winde wiegt" (R S. 4, Z. 35 f./HL S. 6, Z. 21 f.),

→  „glänzende Bogen hin und her beschreibend" (R S. 5, Z. 5 f./ HL S. 6, Z. 25),

→  „auf- und niederschwebende Mädchenbilder" (R S. 5, Z. 4 f./ HL S. 6, Z. 26 f.).

Die ziellose Bewegung wird auch an vielen anderen Stellen aufgegriffen, wo Szenerien dargestellt werden, so etwa bei der Beschreibung des Marmorbildes: „Einige Schwäne beschrieben still

3.6   Stil und Sprache

ihre einförmigen Kreise um das Bild" (R S. 16, Z. 6/HL S. 15, Z. 6 f.).
Gerade weil diese Bewegungen so ziellos sind, tragen sie zu einem
schwindelerregenden Eindruck beim Leser bei und spiegeln das
Umherirren von Florio, welches von Fortunato am Schluss auf den
Punkt gebracht wird: Sorglose Gemüter müssen „zwischen wilder
Lust und schrecklicher Reue, an Leib und Seele verloren, umherir-
ren, und in der entsetzlichsten Täuschung sich selbst verzehren."
(R S. 46, Z. 30 ff./HL S. 38, Z. 17 ff.)[12]

Normalerweise kann sich der Leser darauf verlassen, dass der Erzähler ihn sicher führt und in einer Art „Fiktionalitätsvertrag" lässt er
sich darauf ein, dass das, was man ihm erzählt, in der erzählten Welt
„wahr" ist. Dieser **Fiktionalitätsvertrag** wird im Kunstmärchen der
Romantik immer wieder gebrochen, sodass der Leser verunsichert
wird und an der Verlässlichkeit des Erzählten zweifelt. Besonders
deutlich wird dies durch den häufigen Einsatz von relativierenden
Bemerkungen, etwa in Modalisatoren, gefolgt von Konjunktiven:

→ „Je länger er hinsah, je mehr schien es ihm, als schlüge […]"
   (R S. 16, Z. 13 ff./HL S. 15, Z. 12 ff.),
→ „denn es war ihm, als sei das alles lange versunken […]"
   (R S. 20, Z. 14 ff./HL S. 18, Z. 13 ff.),
→ „Da kam es ihm auch vor, als sei sie nun größer, schlanker und
   edler […]" (R S. 31, Z. 9 ff./HL S. 26, Z. 22 f.).

Diese vorsichtige, in Andeutungen verharrende Sprache destabilisiert das Erzählte, denn man weiß nie, ob das Dargestellte wirklich
ist: Traum und Wirklichkeit werden in der Novelle ständig so miteinander verknüpft, dass der Leser manchmal nicht weiß, was real
und was nur Traum oder Erinnerung Florios an seine Kindheit ist.[13]

Zweifel an
Verlässlichkeit
des Erzählten

---

12  Vgl. zu diesem Thema: Heimböckel 2003; online: http://www.goethezeitportal.de/fileadmin/PDF/
    db/wiss/eichendorff/marmorbild_heimboeckel.pdf (Stand September 2019), hier S. 15.
13  Vgl. Kreuzer 2014, S. 107.

3.6   Stil und Sprache

**Verunsicherung durch „schwankendes Erzählen"**

Verstärkt wird dieses „schwankende Erzählen" auch durch den **hypotaktischen Satzbau** – wie er sich in extremer Form schon in dem ersten Satz des Textes zeigt (s. o.) – und durch die Präsenspartizipien („sich erfreuend", „schwärmend"). Dieser Erzählstil führt dazu, dass der Leser schnell den Überblick verliert und nicht klare Fakten wiedergegeben werden, sondern eine schwebende, undeutliche Stimmung erzeugt wird.

**Häufung von Synästhesien**

Ein ähnlicher Effekt ergibt sich auch durch die Häufung von Synästhesien, die **verschiedene Sinnesbereiche** verknüpfen:

→ „sich erfreuend an dem feinen Dufte, der über der wunderschönen Landschaft […] zitterte" (R S. 3, Z. 2 ff./HL S. 5, Z. 2 ff.),

→ „die schöne Ballspielerin […], die […] in die Klänge vor sich hinaussah" (R S. 5, Z. 34 ff./HL S. 7, Z. 11 ff.),

→ „glänzte […] duftig" (R S. 36, Z. 18 f./HL S. 30, Z. 18 f.),

→ „in dem schimmernden Duft" (R S. 49, Z. 5/HL S. 40, Z. 2 f.).

**Erzählhaltung**

Schließlich ließe sich auch noch die Erzählhaltung anführen, die eine solche Verunsicherung unterstützt: Es wird nicht personal erzählt, etwa aus der Perspektive von Florio, sondern ein auktorialer Erzähler gibt wieder, wie Florio sich fühlt. Das führt zu einer gewissen **Distanz zum Erzählten**, wobei sich der Erzähler bis zum Schluss der Novelle mit eigenen Kommentaren zurückhält.

Erst am Ende wird er deutlich in der Bewertung des Vorgefallenen: „Es kommt nach allen heftigen Gemütsbewegungen, die unser ganzes Wesen durchschüttern, eine stillklare Heiterkeit über die Seele" – hier verallgemeinert der Erzähler das, was Florio erlebt hat, auf „uns" und fährt fort: „So fühlte sich auch Florio nun innerlichst erquickt" (R S. 48, Z. 1 ff./HL S. 39, Z. 9 ff.). Florio und die anderen Figuren werden nun klar beschrieben:

3.6   Stil und Sprache

→ „der heiß geliebte Florio" (R S. 48, Z. 16/HL S. 39, Z. 21 f.),
→ „die Arme" (Bianka, R S. 48, Z. 13/HL S. 39, Z. 19 f.) oder
→ „der kluge Pietro" (R S. 48, Z. 20/HL S. 39, Z. 25 f.).
Genau diese Klarheit lässt der Erzähler in der gesamten Novelle
aber vermissen und lässt den Leser damit mit seinen Unsicher-
heiten allein und beschreibt – wenn auch sehr detailgenau – die
Schauplätze und die Gefühlsäußerungen von Florio.

## 3.7 Interpretationsansätze

**ZUSAMMEN-**
**FASSUNG**

Es zeigt sich, dass je unterschiedliche Herangehensweisen an
den Text unterschiedliche Akzente setzen, die sich teilweise
ergänzen.

Es werden fünf Interpretationsansätze gewählt:

→ Literaturgeschichtlicher Interpretationsansatz
→ Poetologischer Interpretationsansatz
→ Religiöser Interpretationsansatz
→ Psychoanalytischer Interpretationsansatz
→ Gendertheoretischer Interpretationsansatz

### Literaturgeschichtlicher Interpretationsansatz

Novelle als
Modelltext für
romantische
Epoche

*Das Marmorbild* lässt sich zunächst als Ausdruck romantischen Den-
kens deuten. Die Novelle vereint viele Elemente, die als „romantisch" gelten:

Universalkunstwerk

**Eichendorff baut in seinen Text viele Lieder ein:** Dies entspricht dem romantischen Konstrukt des „Universalkunstwerks".
Prosa und Lyrik, Klang und visuelle Eindrücke verschmelzen zu einem zusammenhängenden Ganzen.[14] Gerade das Lied erlaubt es,
Subjektivität direkt auszuleben.

**In der Novelle findet sich auch die romantische Kunstauffas-
sung, dass Poetik immer mit der Suche nach den Ursprüngen
verknüpft ist** – seien diese in der Kindheit oder in der „Heimat" des
Volkes. In Anlehnung an Herder[15] findet sich am Ende des Textes
eine programmatische Aussage Fortunatos:

---

14  Vgl. dazu Schlegels Konzept der Universalpoesie in Kapitel 2.2 Zeitgeschichtlicher Hintergrund,
    S. 23 f.
15  Vgl. dazu Kapitel 2.2 Zeitgeschichtlicher Hintergrund, S. 23.

3.7    Interpretationsansätze

## INTERPRETATIONSANSÄTZE

**Literaturgeschichte**
→ Wie ist der Text in die Epoche der Romantik einzuordnen?

**Poetologie**
→ Wie wird die Kunst im Text dargestellt?
→ Welcher Gattung ist der Text zuzuordnen?

**Religion**
→ Welche Rolle spielen heidnische und christliche Welterkennung?
→ Welche Rolle spielt die Antike?

**Psychoanalyse**
→ Welche Rolle spielt das Unbewusste im Text?
→ Welche Rolle spielen die drei Instanzen Ich, Es, Über-Ich (vgl. S. Freud)?

**Gendertheorie**
→ Welche Rolle spielen die Geschlechter in der Entwicklung des Textes?
→ Entspricht ihre Darstellung Stereotypen?

„Ich sang ein altes frommes Lied, eines von jenen ursprünglichen Liedern, die, wie Erinnerungen und Nachklänge aus einer andern heimatlichen Welt, durch das Paradiesgärtlein unsrer Kindheit ziehn und ein rechtes Wahrzeichen sind, an dem sich alle Poetischen später in dem ältergewordnen Leben immer wiedererkennen." (R S. 47, Z. 12–17/HL S. 38, Z. 29–34)

**In der Welt der Romantik spielt die Natur eine große Rolle:** Dies lässt sich erklären aus einer Krisensituation, in der die Künstler

Naturbeschreibung

3.7 Interpretationsansätze

wahrnehmen, dass wachsende Industrialisierung und Verstädterung in die Natur eingreifen und sie zerstören. Dies wird auch in den langen Passagen in der Novelle verdeutlicht, die der Naturbeschreibung dienen. Schließlich spiegelt die Natur auch die Empfindsamkeit und die Seele der Figuren wider.

**Hinwendung zum Mittelalter**

**Die Affinität zum (deutschen) Mittelalter ist verknüpft mit einer Aufwertung christlicher Religiosität gegen antikes (fremdes) Heidentum:** Der umherziehende Minnesänger Fortunato und die keusche Bianka vertreten das Christentum, deren Widerpart sich im alten römischen Glauben spiegelt, verkörpert durch den Ritter Donati und die Göttin Venus. Auch politisch ist die Novelle zugunsten einer mittelalterlich feudalen Gesellschaft zu lesen und wendet sich damit indirekt gegen Utopien der Revolution. Eichendorff äußerte sich immer wieder kritisch gegen die Französische Revolution: „Da in der französischen Revolution der durch eine falsche Philosophie aufgeblasene Verstand, nachdem er alleinherrschend den Thron eingenommen, in blutigem Wahnsinn sich selber, anstatt der heiligen Krone, die rote Narrenkappe aufsetzte."[16]

**Realität vs. Fantasie/Traum**

**Der Übergang zwischen Realität und Fantasie oder Traum ist fließend:** Der Leser weiß oft nicht, ob Florio etwas nur denkt oder träumt oder ob dies tatsächlich vorliegt. Die Realität selbst wird „romantisiert", das heißt, es geht nicht darum, sie so abzubilden, wie sie wirklich ist, sondern sie mit einer persönlichen Deutung zu versehen – als Spiegel der eigenen Gefühle: Dies hat Folgen für die Darstellung von Natur, Wetter, Temperatur usw. Der Held sieht seine Umwelt immer so, wie er selbst sich fühlt. „Romantisch Fühlende" können demnach die Zeichen der Welt besser deuten,

---

16 Eichendorff, Joseph von: *Über die Folgen von der Aufhebung der Landeshoheit der Bischöfe und der Klöster in Deutschland* (1818). In: Krabiel, Klaus-Dieter; Neumann, Peter Horst: Eichendorff. Werke. Bd. V, München: Winkler Verlag, 1988, S. 7–65, 23.

3.7 Interpretationsansätze

weil sie mit ihr im Einklang sind – im Gegensatz zu „Philistern"
(Spießbürgern), die sie nur mit ihrer Vernunft wahrnehmen.

**Ein weiteres typisches Merkmal romantischer Texte ist der Gegensatz zwischen Tag und Nacht:** Auffällig ist hier, dass Eichendorff von der üblichen Aufwertung der Nacht an vielen Stellen der Novelle abweicht. In der Regel wird die Nacht in romantischen Texten eher positiv bewertet, denn sie erlaubt, in die Tiefen des Unbewussten vorzudringen, die die Menschen nicht erreichen können, wenn sie die Welt nur mit der Klarheit der Sonne sehen. Doch in *Das Marmorbild* wirkt die Nacht eher unheimlich und bedrohlich. Symbolisch stehen für sie die Venus und der Ritter Donati. Florio träumt in der Nacht und kann Fantasie und Realität nicht unterscheiden. Der Morgen/Tag wird von Fortunato und Bianka verkörpert. Sie symbolisieren das Wirkliche und die reelle Umsetzung der persönlichen Entwicklung, beide stehen für christliche „Abgeklärtheit".

Gegensatz
zwischen Tag
und Nacht

## Poetologischer Interpretationsansatz

*Das Marmorbild* lässt sich mehreren Gattungen zuordnen: **Zum einen ist der Text eine Novelle.** Dies zeigt sich an einigen grundlegenden Kennzeichen dieser Gattung:

→ Er erzählt ohne Nebenhandlungen von einem zentralen Ereignis. Goethe bezeichnet dieses als „unerhörte Begebenheit".

Merkmale der
Novelle

→ Er berichtet aus einer wirklichen Welt.

→ Es gibt wenig Personal.

→ Es gibt wenig Orts- und Zeitwechsel.

→ Es findet sich ein zentrales Symbol: Das Marmorbild.

→ Er zeigt eine kritische Wandlung im Leben der Helden.

3.7   Interpretationsansätze

Auf der Grenze zwischen Wirklichkeit und Traum: *Der Nachtmahr* (1790/91) von Johann Heinrich Füssli (1741–1825) © picture alliance / ullstein bild

3.7 Interpretationsansätze

**Gleichzeitig ist der Text aber auch ein Märchen.** Auch dafür lassen sich wichtige Kennzeichen finden:

→ Der Text beginnt mit „Es war ein schöner Sommerabend ...", das ähnelt der Anfangsformel „Es war einmal ..." im Märchen.

→ Es wird ein dualistisches Gegeneinander von Gutem und Bösem gezeigt.

→ Es finden sich Elemente des Zauberhaften, die in der realen Welt nicht existieren können.

→ Das Erzählte bleibt zeitlich relativ unbestimmt, man kann nur auf eine vergangene Zeit des Mittelalters oder der Renaissance schließen.

→ Es endet mit einem Happy End und einer glücklichen Heirat.

Merkmale des Märchens

Da beide Elemente in einer „Märchennovelle" verknüpft sind, wird deutlich, dass es Übergänge und Vermischungen der Gattungen gibt. So ist für ein Märchen üblich, dass die Handlung in einer Parallelwelt spielt, die von der realen Welt völlig getrennt ist. Hier aber – wie in vielen anderen Texten der romantischen Kunstmärchen – **bricht die Parallelwelt in die reale Welt ein**, sie kann wohl auch nicht von allen in gleicher Weise wahrgenommen werden, ja selbst der Held ist zu verschiedenen Zeiten mehr oder weniger zugänglich für die Parallelwelt. Diese Struktur ähnelt also sehr viel mehr dem, was in der modernen Gattungspoetik in Anlehnung an den Gelehrten Tzvetan Todorov (1939–2017) als Fantastik bezeichnet wird. Diese Gattung, die bis in die moderne Fantasy-Literatur reicht, ist gekennzeichnet von einer „unschlüssigen" Haltung im Erzählen, die den Leser destabilisiert.[17]

Die Märchennovelle

Die Frage ist insbesondere, ob Eichendorff diese Wahrnehmung der Parallelwelt als Zeichen einer besonderen Sensibilität deutet

———

17  Vgl. Kapitel 3.6 Stil und Sprache, S. 71 ff.

3.7   Interpretationsansätze

oder ob er sie als unreifes Verhalten eines Menschen sieht, der seinen Weg noch nicht gefunden hat. Auf der Oberfläche ist dies der Fall: Fortunatos Weitblick steht positiv gegen Donatis Versuchungen, sich dem Unbewussten hinzugeben. So sagt Fortunato ermahnend am Ende der Novelle: Es seien die

> „jungen, sorglosen Gemüter, die dann vom Leben abgeschieden, und doch auch nicht aufgenommen in den Frieden der Toten, zwischen wilder Lust und schrecklicher Reue, an Leib und Seele verloren, umherirren und in der entsetzlichsten Täuschung sich selbst verzehren" (R S. 46, Z. 28 ff./HL S. 38, Z. 14 ff.).

Diese Sätze hören sich aber denn doch zu vernünftig an, zu aufgeklärt. Will ein Romantiker wie Eichendorff wirklich nur davor warnen, sich in die Zwischenwelt der Täuschung zu begeben? Wollte Eichendorff wirklich nur das Helle/Klare/Vernünftige gegen die Nacht, den Traum und die Täuschung stellen? Gleichzeitig trägt auch Fortunato einen Teil der Verantwortung für Florios Weltflucht, verwirrt er ihn doch selbst und ist immer auch Teil der Fantasiewelt. Vielleicht findet sich in dieser zu einfachen Deutungsfolie ein Zeichen von „romantischer Ironie", die es dem Leser erlaubt, weiterzudenken. Vielleicht war sich der Autor Eichendorff dieses „Weiterdenkens" in seinem Text auch gar nicht bewusst. Politisch korrekt führt er Florio auf den „rechten Weg" und lässt ihn gleichzeitig scheitern in einer hellen, aufgeräumten Spielzeugwelt.

Kunsttheorie

Eichendorff setzt sich in seinem Text indirekt mit der Kunst auseinander und idealisiert vordergründig eine **volkstümliche, heitere Dichtung**, die sich nicht von den dunklen, sinnlichen Trieben bestimmen lässt. Florio wäre gerne selbst ein Künstler, ist mit seiner Leistung aber noch nicht zufrieden (R S. 3, Z. 23–31/HL S. 5, Z. 21–27), erst der Kontakt mit Fortunato befreit auch ihn in seiner

3.7  Interpretationsansätze

Kreativität. Nach Fortunatos Ausführungen über die Kunst („die Kunst [...] bespricht und bändigt die wilden Erdengeister, die aus der Tiefe nach uns langen", R S. 47, Z. 19 ff./HL S. 38, Z. 35 ff.) fühlt sich Florio befreit von den Tiefen der Verlockungen und stimmt in Fortunatos Gotteslob ein: „Hier bin ich, Herr!" (R S. 47/HL S. 39).

## Religiöser Interpretationsansatz

*Das Marmorbild* ist auch als eine Kritik der klassizistischen Antike-Begeisterung zu sehen, wie sie z. B. Winckelmann oder Goethe vertreten hatten:

Christentum
gegen Heidentum

| VEREHRUNG DER ANTIKE IN DER KLASSIK | VEREHRUNG DES CHRISTLICHEN MITTELALTERS IN DER ROMANTIK |
|---|---|
| Antike als Vorbild für humanistische Ausgewogenheit | christliche Dogmen |
| Pantheismus: „Gott ist in allem" | das Mittelalter als Vorbild für klare Ordnung |
| Johann Joachim Winckelmann: *Gedanken über die Nachahmung der griechischen Werke in der Malerei und Bildhauerkunst* (1755) | Joseph von Eichendorff Clemens Brentano Achim von Arnim |
| Johann Wolfgang von Goethe: *Iphigenie* (1779) *Römische Elegien* (1795) | Märchen und Sagen von Ludwig Tieck und den Brüdern Grimm |

Vom christlichen Standpunkt aus geht es um den „Kampf Florios zwischen der Versuchung des Heidentums, verkörpert durch die Venus als heidnische Göttin und Donati, ihrem teuflischen und dämonischen Ritter, und dem richtigen, christlichen Weg, welcher von der keuschen Bianka und dem christlichen Sänger Fortunato verkörpert wird.
Bianka ist der Auslöser für Florios Verwirrung, als er ihre roten Lippen küsst, erwacht die triebhafte Sehnsucht in ihm und

3.7 Interpretationsansätze

dadurch kann er die Venus und damit die Verführung des Heidentums erst sehen. Erst wenn diese selbst entsexualisiert und
als asexueller Engel auftritt, findet Florio auf den richtigen Weg
zurück und entsagt den Verführungen der Venus."[18]

Obwohl Florio sich also zeitweilig in heidnische Gefilde verliert,
findet er am Ende durch ein Gebet und durch Fortunatos Lied wieder
zum christlichen Glauben zurück (R S. 40, Z. 7 f./HL S. 33, Z. 6 f.).
Er sieht sich von Gott getragen, wie er es in seinem letzten Lied
*Hier bin ich, Herr!* ausdrückt (R S. 47/HL S. 39).

Und doch auch hier werden **Widersprüchlichkeiten** deutlich:
So ist es gerade der christliche Fortunato, der in seinem Lied *Was
klingt mir so heiter* (R S. 8 f./HL S. 9 f.) Venus und Bacchus preist
und genau die Bilder beschwört, vor denen er Florio immer warnt.
Fortunato taucht auch immer wieder an den Orten auf, die Florio
ins Verderben stürzen, ohne ihm wirklich zu Hilfe zu kommen.

Dualismus

Zusammenfassend lässt sich feststellen, dass sich durch den gesamten Text ein Dualismus zieht, der auf dem Gegensatz zwischen
Heidentum und Christentum basiert und durch folgende Begriffe
gekennzeichnet ist:

| ANTIKE/HEIDENTUM | CHRISTENTUM |
|---|---|
| Venus | Bianka/Maria[19] |
| Entfesselung/Regression | Befreiung/Reifung |
| Nacht (zu Beginn der Novelle) | Tag/Morgen (zum Ende der Novelle) |
| Verwirrung | Klarheit |
| Schwüle | Kühle |

18  Wikipedia: https://de.wikipedia.org/wiki/Das_Marmorbild#Christlich-religiöser_
    Interpretationsansatz (Stand September 2019).
19  Vgl. eine nähere Erläuterung zu Maria in Kapitel 3.7 Interpretationsansätze, S. 86.

3.7 Interpretationsansätze

## Psychoanalytischer Interpretationsansatz

Eichendorff wird von Hartwig Schultz in seinem Nachwort zu den *Erzählungen* als „Meister der dichterischen Gestaltung des Unbewussten"[20] bezeichnet. Seine Novelle *Das Marmorbild* lässt sich auch unter psychoanalytischen Gesichtspunkten deuten:

„Gestaltung des Unbewussten"

„Ausgehend von Sigmund Freuds Strukturmodell der Psyche [entwickelt 1923 in seiner Schrift *Das Ich und das Es*] ergibt sich eine klare Aufteilung der Personen. Florio ist das Ich, welches von den beiden anderen Instanzen hin und her gerissen wird. Fortunato und Bianka verkörpern das Über-Ich und damit die moralische Instanz. Venus und Donati verkörpern das Es und damit die Triebe, in diesem Fall vor allem die sexuellen Triebe bzw. Wünsche."[21]

„Davon ausgehend ist auch die Konnotation mit dem Tag bzw. der Nacht ganz klar, da das Gute am Tag stattfindet und alles Schlechte, von den Trieben Gelenkte, in der Nacht. Florio befindet sich in der Adoleszenz und sucht einen Weg, um die beiden Instanzen zufriedenzustellen, was ihm allerdings nicht gelingt. In Lucca lebt er vollkommen die Wünsche des Es aus, indem er verzweifelt die Venus sucht und sich von der Verführerin blenden lässt. Zu dem Zeitpunkt, an dem das Über-Ich die Kontrolle wiedererlangt, verlässt Florio Lucca und trifft auf Fortunato und Bianka, die Verkörperung seines Über-Ichs. Durch die Entsexualisierung Biankas (sie ist verkleidet als Junge und erscheint ihm wie ein Engel und Engel sind geschlechtslose Wesen [vgl. „heiteres Engelsbild", R S. 49, Z. 12/HL S. 40, Z. 9]) kann das Über-Ich das Es vollkommen beherrschen."[22]

---

20  Schultz 1990, S. 641.
21  Wikipedia: https://de.wikipedia.org/wiki/Das_Marmorbild#Psychoanalytischer_ Interpretationsansatz (Stand September 2019).
22  Ebd.

3.7    Interpretationsansätze

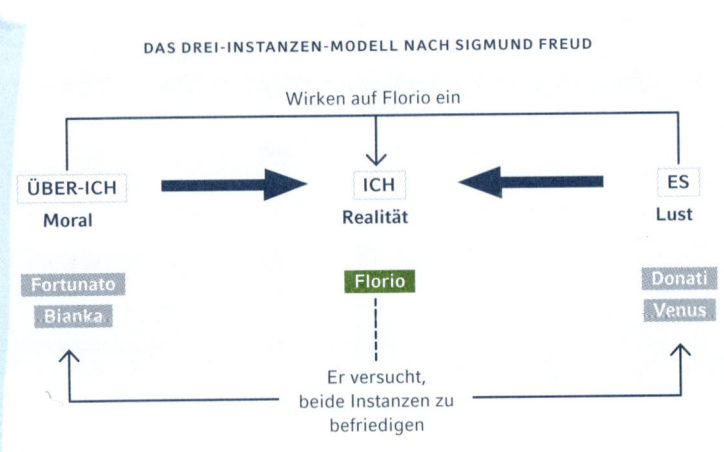

**DAS DREI-INSTANZEN-MODELL NACH SIGMUND FREUD**

Wirken auf Florio ein

| ÜBER-ICH | ICH | ES |
| Moral | Realität | Lust |

| Fortunato | Florio | Donati |
| Bianka | | Venus |

Er versucht,
beide Instanzen zu
befriedigen

**Vergleiche zwischen Außen- und Innenwelt**

Für eine psychoanalytische Herangehensweise geeignet sind natürlich auch die vielen Vergleiche zwischen der Außenwelt (Landschaft/Natur) und der Innenwelt (Traum). Besonders interessant ist, wie sich die Außenwelt mit der Innenwelt verbindet: Als Florio in der ersten Nacht in Lucca von Albträumen geplagt wird, steht er auf, öffnet das Fenster und erkennt in der Natur einen **Spiegel seiner Seele**: „Auch da draußen war es überall in den Bäumen und Strömen noch wie im Verhallen und Nachhallen der vergangenen Lust, als sänge die ganze Gegend leise, gleich den Sirenen, die er im Schlummer gehört." (R S. 14, Z. 13–16/HL S. 13, Z. 32–35)

**Kindheit und Erinnerung**

Ein weiteres Element ist mit psychoanalytischem Handwerkszeug zu erfassen: Mehrere Male begegnet Florio seiner eigenen Kindheit, indem er Bilder oder Personen trifft, die ihn an diese **erinnern**: Florio ist demnach gleichzeitig erwachsener Mann und

3.7 Interpretationsansätze

Kind. Immer wieder führen ihn die Erfahrungen der Gegenwart zurück zu seiner Kindheit, am deutlichsten, als er sich im Innersten des Venusschlosses aufhält und eine Art Flashback erlebt:

> „Da flog es ihn plötzlich [...] an, dass er zu Hause in früher Kindheit oftmals ein solches Bild gesehen, eine wunderschöne Dame in derselben Kleidung [...]. Auch Abbildungen von Lucca und anderen berühmten Städten erinnerte er sich dort gesehen zu haben." (R S. 38, Z. 34 ff./HL S. 32, Z. 10 ff.)

Im Gegensatz dazu passiert es ihm aber auch, dass er sich an Früheres **nicht erinnern** kann, etwa, als er zum ersten Mal Donati begegnet. Dieser begrüßt ihn als alten Bekannten, Florio erkennt ihn aber nicht: „Erstaunt und nachsinnend betrachtete er ihn von oben bis unten, denn er wusste sich durchaus nicht zu erinnern, ihn jemals gesehen zu haben"; Donati erzählt ihm von „mancherlei Begebenheiten aus Florios früheren Tagen", vor allem von der Heimat und dem Garten (R S. 11, Z. 23 ff./HL S. 11, Z. 29 ff.). Die Venus erklärt ihm diese regressive Vergegenwärtigung: Sie macht ihm bewusst, dass diese Flucht in die Vergangenheit trügerisch sein kann: „Lasst nur das! [...] Ein jeder glaubt mich schon einmal gesehen zu haben, denn mein Bild dämmert und blüht wohl in allen Jugendträumen mit herauf." (R S. 39, Z. 27 ff./HL S. 32, Z. 35 ff.)

Flucht in die Vergangenheit kann trügerisch sein

Insgesamt ist die Novelle auch als **Adoleszenz- oder Entwicklungstext** zu deuten: In Anlehnung an Goethes Vorbild des *Wilhelm Meister* (1795/96) wird hier die Adoleszenz-Krise eines jungen Mannes dargestellt, die vor allem durch erotische Verlockungen bestimmt ist. Wie in dem klassischen Entwicklungsroman gelingt es dem jungen Mann aber, sich dem bürgerlichen Ideal der Gesellschaft zu fügen und die Versuchungen zurückzudrängen. Erst moderne Adoleszenz-Romane erlauben es, ein Scheitern des Jugend-

3.7  Interpretationsansätze

lichen zu zeigen oder die Versuchungen zu relativieren. Als Vorbild
für die aktuelle Literatur gilt J. D. Salingers *Der Fänger im Roggen*
aus dem Jahre 1951.

### Gendertheoretischer Interpretationsansatz

*Das Marmorbild* ist auch Spiegel einer Geschlechterdiskussion, die
in der Zeit um 1800 die Gesellschaft bestimmte. In Anlehnung an
den Philosophen Jean-Jacques Rousseau[23] kommt es in allen europäischen Gesellschaften zu einer **Neubewertung von Weiblichkeit
und Männlichkeit**: Nun wurde nicht mehr ein gottgegebenes Muster der Geschlechter propagiert („Der Schöpfer machte die Menschen nach seinem Bilde, als Mann und Frau schuf er sie", Gen
1,27), sondern Geschlechterstereotypen wurden als naturgegeben
erklärt. Dies schützte nicht davor, dass bestimmte Weiblichkeits-
muster trotzdem aus der religiösen Tradition übernommen wurden,
so etwa das von der Heiligen und der Verführerin als Antipoden
(Maria und Eva).

Es fällt auf, dass die in dieser Novelle dargestellten Frauen
nur **Allegorien** sind, keine wirklichen Persönlichkeiten, darauf verweist auch schon, dass sie lange keine Namen haben, sondern
als „Mädchen mit dem Blumenkranz" (Bianka; vgl. z. B. R S. 14,
Z. 4 f./HL S. 13, Z. 24 oder „die Dame" (Venus; vgl. z. B. R S. 22,
Z. 20/HL S. 19, Z. 40) apostrophiert werden.[24]

Bianka entspricht hier zwar dem christlichen Typus, wird aber –
außer in dem Schluss-Lied von Fortunato – nicht als Maria mit dem
Kind dargestellt, sondern als **die unschuldige, sexuell nicht be-
drohliche Kindfrau**: „Die Arme war mitten in ihren sorglosen Kin-
derspielen von der Gewalt der ersten Liebe überrascht worden."

**Neue Geschlech-
termodelle ab
1800**

**Bianka als
„femme fragile"**

---

23  Vgl. auch Kapitel 2.2 Zeitgeschichtlicher Hintergrund, S. 23.
24  Vgl. Woesler 1985, S. 45.

3.7  Interpretationsansätze

(R S. 48, Z. 13 ff./HL S. 39, Z. 19 ff.) Sie ist das unschuldige Wesen, das sich dem Mann völlig ausliefert: „Da ritt sie, ganz überrascht von dem unverhofften Glück, und in freudiger Demut, als verdiene sie solche Gnade nicht, mit niedergeschlagenen Augen schweigend neben ihm her." (R S. 48, Z. 31 ff./HL S. 39, Z. 36 ff.) Sie ist damit die verletzliche Kindfrau und kann dem Mann nicht gefährlich werden: „Bianka ist gewissermaßen die sublimierte Ausformung des Erotisch-Weiblichen, gebändigt unter dem Vorzeichen des Christentums, und kann so in die Realität der Gesellschaft eingefügt werden."[25] In der Zeit ab 1900 nannte man diesen Typus „femme fragile".

Ihr gegenüber steht die „femme fatale", womit die Venus gut gezeichnet wäre[26]: Sie ist **die verführerische, verderbende Frau**, der der Mann gerade deshalb ausgeliefert ist, weil sie seine regressiven Leidenschaften berührt. Erst als Florio im Laufe der Novelle erwachsen wird, er sich aus seiner regressiven Sehnsucht nach der Venus löst, die er schon aus seiner Kindheit kannte (vgl. R S. 39/HL S. 32), auf die er einfach seine Gefühle projiziert, kann er sich von ihr befreien. Als Erwachsener wendet er sich Bianka zu, die er nun als Person, nicht nur als Projektion seiner Gelüste, wahrnimmt, als sie ihm als Junge verkleidet begegnet: „Nun erstaunte er ordentlich, wie schön sie war!" (R S. 48, Z. 29 f./HL S. 39, Z. 34 f.). Erst hier erkennt er, dass sie eine Seele hat (vgl. R S. 48, Z. 36/HL S. 39, Z. 40). Damit entspricht Florio dem in seiner Zeit herrschenden Modell der „romantischen Liebe", bei dem man sich einer anderen Person in Liebe zuwendet.

*Venus als „femme fatale"*

Merkwürdig ist aber in der Novelle, dass es immer wieder zu einer Vermischung der beiden Frauen kommt. So ist es Bianka, die

*Vermischung beider Frauentypen*

---

25  Ebd.
26  Vgl. Becker-Cantarino 1999, S. 125 ff.

3.7   Interpretationsansätze

Florio überhaupt für Sexualität öffnet, schon von Anfang an wird auch sie mit den Verlockungen des Venusberges bzw. der Sirenen (R S. 14/HL S. 13) verknüpft. Es lässt sich eine klare Parallelität zwischen dieser Szene und der Begegnung mit der Venus erkennen:

→ Bianka: „Sie sang so wunderbar, traurig und ohne Ende, als müsse er vor Wehmut untergehen." (R S. 14, Z. 5 ff./HL S. 13, Z. 25 f.),

→ Venus: „als ginge sie nun vor Wehmut zwischen dem Quellenrauschen unter und riefe ihn unaufhörlich, ihr zu folgen" (R S. 21, Z. 28 ff./HL S. 19, Z. 18 f.).

Dass aber auch die Venus als Objekt männlicher Begierde erscheint, zeigt sich, wenn sie als „Reh" dargestellt wird (R S. 29, Z. 18/HL S. 25, Z. 11). Diese Verschränkung der beiden Frauenfiguren Venus und Bianka verweist darauf, dass Eichendorff den **Leser in ein Verwirrspiel** hineinzieht. Noch verrückter wird dieses, wenn man bedenkt, dass es zeitweilig schon vor dem Schluss zu Geschlechtertauschfantasien kommt, hier bezogen auf Florio: Er reitet „still wie ein träumendes Mädchen" zwischen Donati und Fortunato (R S. 12, Z. 31 f./HL S. 12, Z. 28).

## 4.  REZEPTIONSGESCHICHTE

ZUSAMMEN-
FASSUNG

Die Novelle wird von der Literaturkritik zunächst negativ auf-
genommen, man hält sie für abwegig und zu fantastisch. Heinrich Heine macht sich in einem Essay und einer Erzählung
in direkter Anspielung auf *Das Marmorbild* lustig über das
Motiv der Statuenerweckung. Richard Wagners Oper *Tannhäuser* (1845) macht das Motiv des Venusberges populär.
Neuromantische Autoren greifen zum ersten Mal positiv auf
Eichendorffs Motive zurück. Der Mythos um Pygmalion er-
langt im 20. Jahrhundert in dem gleichnamigen Theaterstück
von G. B. Shaw und dem darauf basierenden Musical *My Fair
Lady* großes Interesse. Hier geht es darum, dass ein männlicher Wissenschaftler ein Mädchen aus dem Volk zu neuem
„Leben" als „Lady" erweckt. Indirekt spielt das Motiv der
Statuenerweckung auch eine Rolle in den populären Dar-
stellungen von künstlichen Frauen, die von Wissenschaftlern
verlebendigt werden – etwa im Film *Metropolis* (1927) von
Fritz Lang.

Eichendorff griff das Motiv des Venuszaubers in seinem späteren
Werk noch mehrfach auf: So finden sich Anspielungen in der Novelle
*Aus dem Leben eines Taugenichts* (1826) und in der Erzählung *Eine
Meerfahrt* (1840).

*Das Marmorbild* erschien im *Frauentaschenbuch für das Jahr 1819*
und man fürchtete Reaktionen wegen anstößiger Stellen. Der Her-
ausgeber Friedrich de la Motte-Fouqué erklärte Eichendorff, dass
zwei Stellen gekürzt werden mussten, weil „die Farben allzu dreist

Zeitgenössische
Rezeption

erglühten, um [...] vor Jungfrauenaugen treten zu können".[27] Da das
Original nicht erhalten ist, weiß man nicht, um welche Kürzungen
es sich handelt.

Die ersten Kritiken waren negativ: vor allem die „blühende
Phantasie"[28] Eichendorffs wurde kritisiert, aber auch, dass der „Teu-
felsspuck aus dem Heidenthume" wie auch die christliche Mythologie übertrieben dargestellt seien.[29] 1826 wurde die Novelle zusammen mit *Aus dem Leben eines Taugenichts* in einer Buchausgabe
veröffentlicht und plötzlich ganz anders bewertet, was zeigt, welche
Rolle das Medium spielt, in dem ein Text erscheint: Eine Veröffentli-
chung in einer „Frauenzeitschrift" führte vielleicht für Eichendorff,
der sich als Prosaschriftsteller bis dahin noch keinen Namen gemacht hatte, zu einer Vorverurteilung. Der Schriftsteller Willibald
Alexis, der selbst wenig später die Erzählung *Venus in Rom* (1828)
publizierte, lobte nun das Talent Eichendorffs. Andere Rezensenten
betonten den kunstvollen Gesamtaufbau der Novelle.[30]

Heinrich Heine

Eine besonders spannungsreiche Rezeption erlebte *Das Marmorbild* bei Heinrich Heine. Er sah sich teilweise selbst als Romantiker: In seinen frühen Gedichten *Junge Leiden* (1817–1821) finden
sich mehrere Texte, die Traumwelt und Wirklichkeit in einer Gar-
tenlandschaft verknüpfen[31]; und nicht zuletzt greift seine *Loreley*
(1824) das Motiv einer „femme fatale" auf, die den Männern zum
Verhängnis wird. Sehr schnell wurde Heine aber auch zum ironi-
schen Kritiker dieser Strömung: In seinem Essay *Elementargeister*
aus dem Jahr 1837 zeigte er, dass das Christentum die antiken
Götter dadurch unschädlich machte, dass es sie aufgriff und trans-

---

27    Brief von Fouqué an Eichendorff, vom 31. 12. 1817; zitiert nach: Nobis 2015, S. 82.
28    Vgl. Regener 2004, S. 79.
29    Ebd., S. 80.
30    Ebd.
31    Vgl. den Gedichtauszug in 5. Materialien, S. 98 f.

formierte. In diesem Zusammenhang kritisierte Heine vor allem die deutschtümelnde Rezeption des Venusmythos durch die Romantiker.[32] Ohne Eichendorff direkt zu nennen, parodiert er ihn doch:

„Der Schauplatz ist gewöhnlich Italien und der Held derselben [Dichtungen] irgend ein deutscher Ritter, der wegen seiner jungen Unerfahrenheit, oder auch seiner schlanken Gestalt wegen, von den schönen Unholden mit besonders lieblichen Listen umgarnt wird. Da geht er nun, an schönen Herbsttagen, mit seinen einsamen Träumen spazieren, denkt vielleicht an die heimischen Eichenwälder und an das blonde Mädchen, das er dort gelassen, der leichte Fant! Aber plötzlich steht er vor einer marmornen Bildsäule, bey deren Anblick er fast betroffen stehen bleibt. Es ist vielleicht die Göttin der Schönheit, und er steht ihr Angesicht zu Angesicht gegenüber, und das Herz des jungen Barbaren wird heimlich ergriffen von dem alten Zauber."[33]

In seiner Erzählung *Florentinische Nächte* (1837) machte sich Heine umso deutlicher über Eichendorffs Religiosität lustig: Blasphemisch wird hier von dem Protagonisten Maximilian behauptet, dass erotische Statuenverehrung und christlicher Glaube sich gar nicht ausschließen würden.[34]

Mitte des 19. Jahrhunderts interessierte man sich im Zuge einer nationalistischen Mittelalterrezeption wieder für das Motiv des Venusberges: Richard Wagner griff es in seiner Oper *Tannhäuser und der Sängerkrieg auf der Wartburg* (1845) wieder auf. Hier gelangt der Minnesänger Heinrich von Ofterdingen (wurde mit Tann-

Richard Wagner

---

32  Vgl. Mudrak 2008, S. 60 f.
33  Heine, Heinrich: *Elementargeister;* zitiert nach Mudrak 2008, S. 61.
34  Vgl. dazu den Auszug aus *Florentinische Nächte* in 5. Materialien, S. 100 ff.

häuser gleichgesetzt) in den Hörselberg, wo er der Venus verfällt. Bei einem Sängerkrieg auf der Wartburg besingt er seine sinnliche Genussliebe, im Gegensatz zu anderen Sängern, die von Reinheit singen und die Tugend preisen. Er wird zum Sünder erklärt, aber von seiner Geliebten, Elisabeth von Thüringen, begnadigt. Er zieht nach Rom, um auch die Gnade des Papstes zu erlangen, die ihm aber verweigert wird. Enttäuscht wendet er sich wieder der Venus zu, die ihn für immer an sich binden will. Als Tannhäuser vom Tod Elisabeths hört, besinnt er sich und die Venus versinkt klagend. Weil Elisabeth für ihn bei der Jungfrau Maria gebetet hat, wird er doch erlöst.

Aufgrund einer eher realistischen Herangehensweise an die Literatur wurde *Das Marmorbild* im 19. Jahrhundert lange Zeit abgelehnt. Die Schriftstellerin Ricarda Huch, die selbst lange in Italien gelebt hatte, kritisiert in ihrer Studie *Blütezeit der Romantik* (1899) die nationalistische Sichtweise in der Novelle: Deutschland und Italien ständen sich als „Geistesstärke und Sinnenglut" gegenüber, wobei eine italienfeindliche Haltung zum Vorschein komme.[35]

George Bernard Shaw

Zu neuen Ehren kam das romantische Weltbild erst im Zuge einer „neuromantischen" Tendenz um die Jahrhundertwende um 1900 in den Strömungen „Symbolismus" und „Jugendstil". Das Pygmalion-Motiv wurde im Zuge dieser Neuromantik von George Bernard Shaw in seinem Theaterstück *Pygmalion* (1913) wieder aufgegriffen. Darin geht es aber nicht um die Belebung einer Statue, sondern darum, wie ein Linguist ein Mädchen aus der Unterschicht zu einer „feinen Lady" formt. Shaws Schauspiel wurde 1956 die Grundlage für Alan Jay Lerners Musical *My Fair Lady*, 1964 erfolgreich verfilmt von George Cukor.

---

35  Vgl. Regener 2004, S. 86.

Letztlich lässt sich ein Strang des Pygmalion-Motivs bis in die heutige Zeit bei der Gestaltung weiblicher künstlicher Menschen verfolgen. Immer wieder geht es hier um die Schöpferkraft eines männlichen Künstlers oder Wissenschaftlers, der „Menschen schafft". Besonders deutlich sind die Parallelen mit Eichendorffs Novelle in Fritz Langs Film *Metropolis* (1927), wo sich eine jungfräuliche fromme und eine künstliche böse Maria um einen Mann streiten. Aber auch die moderne Popkultur nimmt immer wieder das Motiv der Roboterfrau auf, die sich den Bedürfnissen des Mannes unterordnen soll, z. B. *Ex Machina* (2015) oder *Blade Runner 2049* (2017).

Es fällt auf, dass *Das Marmorbild* in der literaturwissenschaftlichen Forschung der letzten Jahre auf ein intensives Interesse stößt, vor allem Veröffentlichungen zu Genderaspekten (vgl. etwa: Becker-Cantarino 1999, Velten 2012) bzw. zur psychoanalytischen Deutungen finden sich häufig (vgl. etwa: Pikulik 2002, Heimböckel 2003, Lipinski 2008/2009, Velten 2012 etc.; genaue Angaben stehen im Literaturverzeichnis S. 118 ff.).

## 5.  MATERIALIEN

### Ludwig Tieck: *Der getreue Eckart und der Tannhäuser* (1799)

Motiv des
Venusberges

Die Erzählung Tiecks besteht aus zwei Teilen, im ersten Teil geht es um den treuen Eckart, der sich für seinen Herrn, den Herzog von Burgund, aufopfert. Er rettet seine Söhne vor dem gefährlichen Spielmann, der durch berauschende Musik seine Opfer in den Venusberg lockt. Eckart stirbt, aber nach seinem Tod ist er Wärter vor den Toren des Venusberges, dessen Verlockungen zum heidnischen Kult er nie verfällt.

Der Alte beschreibt Eckart in diesem Auszug, was es mit dem Venusberg auf sich hat:

Frau Venus
und „alle ihre
höllischen
Heerscharen"
wohnen im Berg

„‚Habt Ihr niemals von dem Berge gehört, den die Leute nur den Berg der Venus nennen?'

‚Niemalen', sagte Eckart, ‚so weit ich auch herum gekommen bin.'

‚Darüber muss ich mich verwundern', sagte der Alte, ‚denn die Sache ist jetzt eben so bekannt, als sie wahrhaftig ist. In diesen Berg haben sich die Teufel hinein geflüchtet und sich in den wüsten Mittelpunkt der Erde gerettet, als das aufwachsende heilige Christentum den heidnischen Götzendienst stürzte. Hier, sagt man nun, solle vor allen Frau Venus Hof halten, und alle ihre höllischen Heerscharen der weltlichen Lüste und verbotenen Wünsche um sich versammeln, sodass das Gebirge auch verflucht seit undenklichen Zeiten gelegen hat.'

‚Doch nach welcher Gegend liegt der Berg?' fragte Eckart.

Ein Spielmann
lockt mit Musik
in den Berg

‚Das ist das Geheimnis', sprach der Alte, ‚dass dieses Niemand zu sagen weiß, als der sich schon dem Satan zu eigen gegeben, es fällt auch keinem Unschuldigen ein, ihn aufsuchen zu wollen. Ein Spielmann von wunderseltner Art ist plötzlich von unten hervor

gekommen, den die Höllischen als ihren Abgesandten ausgeschickt haben, dieser durchzieht die Welt, und spielt und musiziert auf einer Pfeifen, dass die Töne weit in den Gegenden widerklingen. Wer nun diese Klänge vernimmt, der wird von ihnen mit offenbarer, doch unerklärlicher Gewalt erfasst, und fort, fort in die Wildnis getrieben, er sieht den Weg nicht, den er geht, er wandert und wandert und wird nicht müde, seine Kräfte nehmen zu wie seine Eile, keine Macht kann ihn aufhalten, so rennt er rasend in den Berg hinein, und findet ewig niemals den Rückweg wieder. Diese Macht ist der Hölle jetzt zurückgegeben, und von entgegengesetzter Richtung wandeln nun die unglückseligen verkehrten Pilgrimme hin, wo keine Rettung zu erwarten steht. Ich hatte an meinen beiden Söhnen schon seit lange keine Freude mehr erlebt, sie waren wüst und ohne Sitten, sie verachteten so Eltern wie Religion; nun hat sie der Klang ergriffen und angefasst, sie sind davon und in die Weite, die Welt ist ihnen zu enge, und sie suchen in der Hölle Raum.'
'Und was denkt Ihr bei diesen Dingen zu tun?', fragte Eckart.
'Mit dieser Krücke habe ich mich aufgemacht', antwortete der Alte, 'um die Welt zu durchstreifen, sie wiederzufinden, oder vor Müdigkeit und Gram zu sterben.'"[36]

## Joseph von Eichendorff: *Die Zauberei im Herbste* (1808)

1808 schrieb Joseph von Eichendorff ein Märchen, das wesentliche Elemente der Novelle *Das Marmorbild* schon vorwegnimmt: Der Ritter Ubaldo trifft im Wald einen zurückgezogenen Klausner. Dieser erzählt ihm seine Lebensgeschichte: Er habe seinen besten Freund umgebracht, weil ein schönes Fräulein dies von ihm gefordert hat-

Motiv der
Versteinerung

---

36  Tieck, Ludwig: *Der getreue Eckart und der Tannhäuser*. Auszug aus: https://gutenberg.spiegel.de/
buch/der-getreue-eckart-der-tannenhaser-5472/1 (Stand September 2019).

te. Nach der Liebesnacht mit dem Fräulein war ihm, als sähe er ein totes steinernes Bild von ihr. Vor Entsetzen lief er fort und lebte im Wald, konnte aber in seinem ganzen Leben keine Ruhe finden.

Ubaldo erkennt in dem Klausner seinen alten Freund Raimund und versichert ihm, dass das alles nur eine Wahnvorstellung sei, er selbst sei dessen bester Freund, habe das schöne Fräulein geheiratet und er sei wohl einem bösen Herbstzauber erlegen. Raimund erkennt, dass er sein ganzes Leben dem Wahn geopfert hat, geht aber wieder zurück in den Wald und wird nicht mehr gesehen.

Der Textauszug setzt ein, nachdem Raimund glaubt, seinen Freund getötet zu haben:

„Als zögen mich diese Töne mit dem versinkenden Abendrot langsam hinab"

„Nur einmal, da ich eben mit ihr am Fenster stand, war sie stiller und trauriger als jemals. Draußen im Garten spielte der Wintersturm mit den herabfallenden Blättern. Ich merkte, dass sie oft heimlich schauderte, als sie in die ganz verbleichte Gegend hinausschaute.
5 Alle ihre Frauen hatten uns verlassen; die Lieder der Waldhörner klangen heute nur aus weiter Ferne, bis sie endlich gar verhallten. Die Augen meiner Geliebten hatten allen ihren Glanz verloren und schienen wie verlöschend. Jenseits der Berge ging eben die Sonne unter und erfüllte den Garten und die Täler ringsum mit ihrem ver-
10 bleichenden Glanze. Da umschlang das Fräulein mich mit beiden Armen und begann ein seltsames Lied zu singen, das ich vorher noch nie von ihr gehört und das mit unendlich wehmütigem Akkorde das ganze Haus durchdrang. Ich lauschte entzückt, es war, als zögen mich diese Töne mit dem versinkenden Abendrot langsam
15 hinab, die Augen fielen mir wider Willen zu, und ich schlummerte in Träumen ein.

„Als sähe ich ein steinernes Bild, schön, aber totenkalt"

Als ich erwachte, war es Nacht geworden und alles still im Schlosse. Der Mond schien sehr hell. Meine Geliebte lag auf seidenem Lager schlafend neben mir hingestreckt. Ich betrachtete sie

mit Erstaunen; denn sie war bleich wie eine Leiche, ihre Locken 20
hingen verwirrt und wie vom Winde zerzaust um Angesicht und Busen herum. Alles andere lag und stand noch unberührt umher, wie
es bei meinem Entschlummern gelegen; es war mir, als wäre das
schon sehr lange her. – Ich trat an das offene Fenster. Die Gegend
draußen schien mir verwandelt und ganz anders, als ich sie sonst 25
gesehen. Die Bäume sausten wunderlich. Da sah ich unten an der
Mauer des Schlosses zwei Männer stehen, die dunkel murmelnd
und sich besprechend, sich immerfort gleichförmig beugend und
neigend gegeneinander hin- und herbewegten, als ob sie ein Gespinste weben wollten. Ich konnte nichts verstehen, nur hörte ich 30
sie öfters meinen Namen nennen. – Ich blickte noch einmal zurück
nach der Gestalt des Fräuleins, welche eben vom Monde klar be-
schienen wurde. Es kam mir vor, als sähe ich ein steinernes Bild,
schön, aber totenkalt und unbeweglich. Ein Stein blitzte wie Basi-
liskenaugen vor ihrer starren Brust, ihr Mund schien mir seltsam 35
verzerrt.

Ein Grausen, wie ich es noch in meinem Leben nicht gefühlt,
befiel mich da auf einmal. Ich ließ alles liegen und eilte durch die
leeren, öden Hallen, wo aller Glanz verloschen war, fort. Als ich
aus dem Schlosse trat, sah ich in einiger Entfernung die zwei ganz 40
fremden Männer plötzlich in ihrem Geschäfte erstarren und wie
Statuen stillestehen. Seitwärts, weit unter dem Berge, erblickt ich
an einem einsamen Weiher mehrere Mädchen in schneeweißen Ge-
wändern, welche, wunderbar singend, beschäftigt schienen, seltsame Gespinste auf der Wiese auszubreiten und am Mondschein zu 45
bleichen. Dieser Anblick und dieser Gesang vermehrte noch mein
Grausen, und ich schwang mich nur desto rascher über die Gar-
tenmauer weg. Die Wolken flogen schnell über den Himmel, die
Bäume sausten hinter mir drein, ich eilte atemlos immer fort.
[...]
50

„Dieser Gesang
vermehrte noch
mein Grausen"

Ich begriff und begreife noch jetzt nicht, wie das alles zuge-
gangen; aber hinabstürzen mocht ich noch nicht in die heitere,
schuldlose Welt mit dieser Brust voll Sünde und zügelloser Lust. In
die tiefste Einöde vergraben, wollte ich den Himmel um Vergebung
55 bitten und die Wohnungen der Menschen nicht eher wiedersehen,
bis ich alle meine Fehle, das einzige, dessen ich mir aus der Vergangenheit nur zu klar und deutlich bewusst war, mit Tränen heißer
Reue abgewaschen hätte."[37]

### Heinrich Heine: *Traumbilder* (1817–1821)

Heinrich Heines erster Gedichtband *Buch der Lieder* erschien 1827.
Darin werden die ersten Gedichte (von 1817 bis 1821) unter dem
Titel *Junge Leiden – Traumbilder* angeordnet. Heine greift eine Viel-
zahl romantischer Motive auf, die auch in Eichendorffs Novelle *Das
Marmorbild* zu finden sind (z. B. Traum, Garten, Marmor, Frau,
Tod):

„Ein Traum, gar seltsam schauerlich,
Ergötzte und erschreckte mich.
Noch schwebt mir vor manch grausig Bild,
Und in dem Herzen wogt es wild.

Das war ein Garten, wunderschön,
Da wollt ich lustig mich ergehn;
Viel schöne Blumen sahn mich an,
Ich hatte meine Freude dran. […]

---

37   Eichendorff, Joseph von: *Die Zauberei im Herbste*. Auszug aus: https://gutenberg.spiegel.de/buch/
     die-zauberei-im-herbste-4286/2 (Stand September 2019).

Inmitten in dem Blumenland
Ein klarer Marmorbrunnen stand;
Da schaut ich eine schöne Maid,
Die emsig wusch ein weißes Kleid.

Die Wänglein süß, die Äuglein mild,
Ein blondgelocktes Heil'genbild;
Und wie ich schau, die Maid ich fand
So fremd und doch so wohlbekannt.

Die schöne Maid, die sputet sich,
Sie summt ein Lied gar wunderlich:
‚Rinne, rinne Wässerlein,
Wasche mir das Linnen rein!'

Ich ging und nahete mich ihr,
Und flüsterte: ‚O sage mir,
Du wunderschöne, süße Maid,
Für wen ist dieses weiße Kleid?'

Da sprach sie schnell: ‚Sei bald bereit,
Ich wasche dir dein Totenkleid!'
Und als sie dies gesprochen kaum,
Zerfloss das ganze Bild, wie Schaum. – [...]"[38]

---

38  Heine, Heinrich: *Werke und Briefe in zehn Bänden*. Hrsg. von Hans Kaufmann. Band
1. Berlin und Weimar: Aufbau Verlag, 1972, S. 15; vollständiges Gedicht auch online:
https://gutenberg.spiegel.de/buch/buch-der-lieder-9678/6 (Stand September 2019).

### Heinrich Heine: *Florentinische Nächte* (1837)

Motiv der
Statuen-Lie-
be

Der Held Maximilian sitzt am Krankenbett der Signora Maria und erzählt ihr auf des Doktors Rat hin Geschichten und Erinnerungen aus seiner Jugendzeit. Er berichtet, dass er einst ein Marmorbildnis geküsst habe und führt seine Vorliebe für das Statuen- und Totenhafte aus. Er habe immer nur gemeißelte, gemalte und tote Frauen geliebt.[39]

„Die marmorne
Göttin, mit den
rein-schönen
Gesichtszügen"

„[Der Garten] bot ebenfalls den trostlosesten Anblick der Zerstörnis. Die großen Bäume waren zum Teil verstümmelt, zum Teil niedergebrochen, und höhnische Wucherpflanzen erhoben sich über die gefallenen Stämme. Hie und da, an den aufgeschossenen Taxusbüschen, konnte man die ehemaligen Wege erkennen. Hie und da standen auch Statuen, denen meistens die Köpfe, wenigstens die Nasen, fehlten. Ich erinnere mich einer Diana, deren untere Hälfte von dunklem Efeu aufs lächerlichste umwachsen war, so wie ich mich auch einer Göttin des Überflusses erinnere, aus deren Füllhorn lauter missduftendes Unkraut hervorblühte. Nur eine Statue war, Gott weiß wie, von der Bosheit der Menschen und der Zeit verschont geblieben; von ihrem Postamente freilich hatte man sie herabgestürzt ins hohe Gras, aber da lag sie unverstümmelt, die marmorne Göttin, mit den rein-schönen Gesichtszügen und mit dem straffgeteilten, edlen Busen, der, wie eine griechische Offenbarung, aus dem hohen Grase hervorglänzte. Ich erschrak fast als ich sie sah; dieses Bild flößte mir eine sonderbar schwüle Scheu ein, und eine geheime Blödigkeit ließ mich nicht lange bei seinem holden Anblick verweilen. [...]

---

39  Vgl. https://gutenberg.spiegel.de/buch/florentinische-nachte-374/1 (Stand September 2019).

JOSEPH VON EICHENDORFF

War es nun das ungewohnte Lager, oder das aufgeregte Herz, es ließ mich nicht schlafen. Der Mondschein drang so unmittelbar durch die gebrochenen Fensterscheiben, und es war mir als wolle er mich hinauslocken in die helle Sommernacht. Ich mochte mich rechts oder links wenden auf meinem Lager, ich mochte die Augen schließen oder wieder ungeduldig öffnen, immer musste ich an die schöne Marmorstatue denken, die ich im Grase liegen sehen. Ich konnte mir die Blödigkeit nicht erklären, die mich bei ihrem Anblick erfasst hatte, ich ward verdrießlich ob dieses kindischen Gefühls, und ,morgen' sagte ich leise zu mir selber: ,Morgen küssen wir dich, du schönes Marmorgesicht, wir küssen dich eben auf die schönen Mundwinkel, wo die Lippen in ein so holdseliges Grübchen zusammenschmelzen!' Eine Ungeduld, wie ich sie noch nie gefühlt, rieselte dabei durch alle meine Glieder, ich konnte dem wunderbaren Drange nicht länger gebieten, und endlich sprang ich auf mit keckem Mute und sprach: ,Was gilt's und ich küsse dich noch heute, du liebes Bildnis!' Leise, damit die Mutter meine Tritte nicht höre, verließ ich das Haus, was um so leichter, da das Portal zwar noch mit einem großen Wappenschild aber mit keinen Türen mehr versehen war; und hastig arbeitete ich mich durch das Laubwerk des wüsten Gartens. Auch kein Laut regte sich, und alles ruhte, stumm und ernst, im stillen Mondschein. Die Schatten der Bäume waren wie angenagelt auf der Erde. Im grünen Grase lag die schöne Göttin ebenfalls regungslos, aber kein steinerner Tod, sondern nur ein stiller Schlaf schien ihre lieblichen Glieder gefesselt zu halten, und als ich ihr nahete, fürchtete ich schier, dass ich sie durch das geringste Geräusch aus ihrem Schlummer erwecken könnte. Ich hielt den Atem zurück als ich mich über sie hinbeugte, um die schönen Gesichtszüge zu betrachten; eine schauerliche Beängstigung stieß mich von ihr ab, eine knabenhafte Lüsternheit zog mich wieder zu ihr hin, mein Herz pochte, als wollte ich eine Mordtat begehen, und

„Kein steinerner Tod, sondern nur ein stiller Schlaf"

"Endlich küsste ich die schöne Göttin mit einer Inbrunst"

endlich küsste ich die schöne Göttin mit einer Inbrunst, mit einer Zärtlichkeit, mit einer Verzweiflung, wie ich nie mehr geküsst habe in diesem Leben. Auch nie habe ich diese grauenhaft süße Empfindung vergessen können, die meine Seele durchflutete, als die beseligende Kälte jener Marmorlippen meinen Mund berührte."[40]

## Joseph von Eichendorff: *Erlebtes* (1866)

In seiner autobiografischen Schrift *Erlebtes* aus den Jahren 1849–1857, die posthum 1866 erschien, stellt Eichendorff vor, wie er die Entwicklung der deutschen Kultur beurteilt:

Das Zeitalter der Aufklärung

"Bekanntlich ist unser Jahrhundert unter dem Gestirn der Aufklärung geboren. Kant hatte soeben die philosophische Arbeit seiner Vorgänger streng geordnet und, da er dieselbe in seiner großartigen Wahrheitsliebe für das Ganze als unzureichend erkannte, die
5 Welt lieber sogleich in zwei Provinzen geteilt: in die durch menschliche Erfahrung wahrnehmbare, die er sich glorreich erobert, und in die Terra incognita des Unsichtbaren, die er mit der nur dem Genie eigenen heiligen Scheu auf sich beruhen ließ. Seine Schüler aber wollten klüger sein als der Meister und alles aufklären; eine Art
10 chinesischer Schönmalerei ohne allen Schatten, der doch das Bild erst wahrhaftig lebendig macht. Sie setzten daher nun ihren lichtseligen Verstand ganz allgemein als alleinigen Weltbeherrscher ein; es sollte fortan nur noch einen Vernunftstaat, nur Vernunftreligion, Vernunftpoesie usw. geben. Da jedoch jene zweite dunkle Provinz
15 höchst unvernünftig mit ihrer Fantasie, mit ihrem Glauben, ihren Volksgefühlen und Traditionen gegen dieses unerhörte Regiment zu

---

40  Heine, Heinrich: *Florentinische Nächte*. Hrsg. von Bernd Kortländer. Stuttgart: Verlag Philipp Reclam jun., 2012, S. 11–14; Auszug auch online: https://gutenberg.spiegel.de/buch/florentinische-nachte-374/1 (Stand September 2019).

rebellieren unternahm, so machten sie sich's bequem, indem sie das
Das Geheimnisvolle und Unerforschliche, das sich durch das ganze     Das Geheimnis-
menschliche Dasein hindurchzieht, ohne weiteres als störend und      volle als störend
überflüssig negierten. Kein Wunder demnach, dass das deutsche ₂₀     und überflüssig
Leben und das deutsche Reich, das grade auf diesen unsichtba-
ren Fundamenten vorzugsweise geruht, sich nun nach allen Seiten
hin bedenklich senkte und zuletzt so lebensgefährliche Risse bekam, dass es von Polizei wegen abgetragen werden musste. Und so
war denn in der Tat der ganze alte Bau schon im Anfange unseres ₂₅
Jahrhunderts in sich zusammengebrochen; der Sturm der Französischen Revolution und der nachfolgenden Fremdherrschaft hat nur
den unnützen Schutt auseinandergefegt.

    Allein auf freiem Felde können dauernd nur Wilde wohnen, über
die man sich bei aller Naturvergötterung doch so unendlich erha- ₃₀
ben fühlte. Das begriffen alle, und so entstand damals sofort ein
unerhörtes Treiben, Klopfen, Hämmern und Richten, als wäre alle Welt plötzlich Freimaurer geworden. Aber der Neubau förderte
nicht, weil sie über Fundament, Grund- und Aufriss fortwährend
untereinander zankten. [...]                                  ₃₅

    Aber diesen Transzendentalen gegenüber oder vielmehr direkt     Die Romantik
entgegen arbeiteten gleichzeitig ganz andere Bauleute: die Frei-
schar der Romantiker, die in Religion, Haus und Staat auf die Vergangenheit wieder zurückgingen; also eigentlich die historische
Schule. Das deutsche Leben sollte aus seinen verschütteten ge- ₄₀
heimnisvollen Wurzeln wieder frisch ausschlagen, das ewig Alte
und Neue wieder zu Bewusstsein und Ehren kommen."[41]

---

41  Eichendorff, Joseph von: *Erlebtes. II. Halle und Heidelberg*. In: Ausgewählte Werke, Bd. 4,
     München: Nymphenburger Verlag, 1987, S. 366–403,S. 367 f.; Auszug auch online:
     http://www.zeno.org/nid/20004740742 (Stand September 2019).

## Die Funktion des Weiblichen in *Das Marmorbild*

Barbara Becker-Cantarino beleuchtet in ihrem Aufsatz *Der schöne Leib wird Stein. Zur Funktion der poetischen Bilder als Geschlechterdiskurs in Eichendorffs ,Marmorbild'* (1999) die Frauengestalten:

Die dämonisierte vs. die demütig-engelshafte Frauengestalt

„Eichendorff poetisierte den archaischen, misogynen Mythos vom Weiblichen in seiner dämonisierten Frauengestalt, dem Marmorbild, im Zentrum seiner Dichtung und knüpfte bewusst an eine lange verbindliche Tradition an, an die patriarchalischen Gebote des Christentums, um seine Fiktion, seine Kreation des Weiblichen zu beherrschen. Damit wollte Eichendorff sicher auch bewusstseinsbildend wirken, denn die Novelle erschien im *Frauentaschenbuch für das Jahr 1819* für ein hauptsächlich weibliches Lesepublikum [...]. Die traditionsreiche, changierende Bilderwelt, in der die Projektion der dämonisierten ,Dame' die Fantasie besetzen, bleibt besonders eindrucksvoll. Die ,Dame' ist vom Autor Eichendorff als eindeutig weibliche Figur gestaltet, wird von Florio als solche erlebt und erscheint als Frauenfigur für die Leser und Leserinnen. Als positives Gegenbild wird dafür die demütig-engelshafte Bianca anempfohlen, die natürliche, gezähmte, passive, idolisierte Frau der Klassik-Programmatik."[42]

## Bedeutungsschichten und poetische Felder in *Das Marmorbild*

Dieter Heimböckel geht in seinem Aufsatz ,*Ein Meer von Stille*' oder *Von der Ungleichheit des Gleichen* auf die verschiedenen wiederent-

---

42　Becker-Cantarino 1999, S. 133.

deckten Bedeutungsebenen und semantischen Felder in der Novelle ein:

„Der Traum vom vergangenen Leben ist ein Traum, den die Eichendorffsche Poesie noch einmal träumt. Nicht von ungefähr aber kommt er, als traute sie ihm und sich selbst nicht mehr über den Weg, im Konjunktiv daher. Und ihr Misstrauen ist berechtigt. Das Remedium, das sie der dissonanten Gegenwart verabreichte, hatte wie die meisten Heilmittel Nebenwirkungen, die, ob eingeplant oder nicht, erst spät und jenseits von den traditionellen Eichendorff-Bewunderern aufgetürmten Zugangshürden ihre Folgen zeitigten. Denn das Verlorene oder dasjenige, was verloren zu gehen droht, im überzeitlichen Material, in Formeln und immer wieder abrufbaren Chiffren zu bannen, war ein Versuch, dem bereits [...] a priori ein Zug des Misslingens eingeschrieben war – zum Glück und Vorteil der Poesie und Beleg auch dafür, dass [...] Eichendorffs Werke dem Bewusstsein ihres Autors überlegen sind. [...] Ursprüngliche und verschüttete Bedeutungsschichten treten dadurch wieder zutage, aber auch neue, bislang ungeahnte Wortqualitäten kommen zum Vorschein und erzeugen ein semantisches Feld mehrdeutiger Ausprägung. Die Zurückdrängung des Fremden, die das eigentliche Movens eines solchen auf Wiederherstellung ausgerichteten Vorgehens ist, wirkt im durchaus positiven Sinne kontraproduktiv, indem es der Sprache selbst wieder Fremdes entlockt und so ungewohnte semantische Bezüge erschließt."[43]

---

43  Heimböckel 2003, S. 16.

## 6.  PRÜFUNGSAUFGABEN
##     MIT MUSTERLÖSUNGEN

Unter www.königserläuterungen.de/download finden Sie im Internet
zwei weitere Aufgaben mit Musterlösungen.

Die Zahl der Sternchen bezeichnet das Anforderungsniveau
der jeweiligen Aufgabe.

### Aufgabe 1 *

**Vergleichen Sie das Märchen *Die Zauberei im Herbste* (Text
in Kap. 5. Materialien, S. 96 f.) mit der Novelle *Das Marmorbild*. Konzentrieren Sie sich dabei vor allem auf folgende
Passage: R S. 38, Z. 1 bis S. 41, Z. 24/HL S. 31, Z. 23 bis
S. 34, Z. 11.**
**a)  Untersuchen Sie dazu die Gemeinsamkeiten und Unter-
schiede in der Gestaltung des Marmorbildmotivs.**
**b)  Untersuchen Sie Gemeinsamkeiten und Unterschiede in
der Sprache und dem Stil beider Auszüge.**

### Mögliche Lösung in knapper Fassung:

VERGLEICH DES
MOTIVS

a) Eichendorffs Märchen aus dem Jahr 1808 nimmt einige Motive
vorweg, die sich in seiner Novelle *Das Marmorbild* (1819) wiederfinden: So ist gemeinsam, dass die Erstarrung der Frau bei dem
Helden Grauen erregt und er das Schloss hastig verlässt. Dies findet sich im Märchen in den Z. 37 ff. (5. Materialien, S. 97) und in der
Novelle auf folgender Seite: R S. 41, Z. 10 f./HL S. 33, Z. 42. Florio
gelingt es aber, nachdem er zunächst in tiefe Depression gefallen
war (R S. 43, Z. 3 f./HL S. 35, Z. 12 f.), durch den Zuspruch von
Fortunato und durch die Begegnung mit einem „andren Frauen-

bild" (R S. 46, Z. 4/HL S. 37, Z. 28), nämlich Bianka, sein Trauma
zu überwinden.

Raimund dagegen verbringt den Rest seines Lebens als Einsied-
ler, weil er sich schuldig fühlt. Dies liegt aber auch daran, dass er
meint, er habe für seine Geliebte seinen besten Freund ermordet.
(Dass diese ganze Geschichte nur seine Projektion ist, stellt sich
erst im Folgenden heraus.)

Anders als in der Novelle, wo es ja um die Erweckung einer Statue
zum Leben geht, wird in dem Märchen der umgekehrte Prozess
beschrieben: Eine lebendige Frau versteinert plötzlich, was der Text
mit dem Prozess des Sterbens verknüpft (sie wird „bleich wie eine
Leiche", 5. Mat., S. 97, Z. 20).

Ähnlichkeiten zwischen den beiden Texten lassen sich in der
Verknüpfung der Spukerfahrung mit dem Schlaf oder Traum bzw.
der Nachtzeit, aber auch in der Gestaltung der Landschaft (als Spiegel der Seele) und in dem Motiv der zwei Männer, die den Namen
des Helden nennen, finden. Letzteres findet sich in der Novelle
übertragen auf zwei junge Frauen, die den Namen Florios nennen:
„Mit Verwunderung hörte er mehrere Mal deutlich seinen Namen
nennen." (R S. 23, Z. 34 ff./HL S. 21, Z. 3 ff.)

Interessant ist, dass der Spuk in der Novelle mit dem Frühling
verknüpft wird und in dem Märchen mit dem Herbst (5. Mat., S. 96,
Z. 3).

b) Zunächst fällt auf, dass der Auszug aus dem Märchen in der
Ich-Perspektive erzählt wird, anders als in der Novelle, die aus der
Perspektive eines auktorialen Erzählers dargestellt wird. Der Leser
lässt sich damit auf das Erzählte ein, denn er nimmt dem Erzähler
eine gewisse Authentizität ab. Umso spannender ist, dass sich im
Nachhinein herausstellt, dass Raimund sich nicht nur diese Spuk-
szenen, sondern sogar die gesamte Geschichte um seine Geliebte

VERGLEICH
SPRACHE UND STIL

und den getöteten Freund nur ausgedacht hat, der Leser getäuscht wird. In der Novelle ergibt sich die Distanz zum Dargestellten durch die Skepsis des auktorialen Erzählers. Dabei wird in beiden Texten eine Distanzierung durch die Verwendung des Konjunktivs gewählt: „Es kam mir vor, als sähe ich" (5. Mat., S. 97, Z. 33), „Das Gewitter schien" (R S. 40, Z. 21/HL S. 33, Z. 19 f.), „Es war ihm, als stünde die Dame" (R S. 40, Z. 28/HL S. 33, Z. 25 f.).

Wie in *Das Marmorbild* spielt auch in *Die Zauberei im Herbste* das Lied eine besondere Rolle. Während es aber im Märchen den Helden verzaubert, sodass er in Passivität und Schlaf verfällt, rettet in der Novelle ein Lied Florio aus dem Zauber und bringt ihn dazu zu flüchten:

> „Da umschlang das Fräulein mich mit beiden Armen und begann ein seltsames Lied zu singen, das ich vorher noch nie von ihr gehört und das mit unendlich wehmütigem Akkorde das ganze Haus durchdrang. Ich lauschte entzückt, es war, als zögen mich diese Töne mit dem versinkenden Abendrot langsam hinab" (5. Mat., S. 96, Z. 10 ff.).
>
> „Die Gewalt dieser Töne hatte seine ganze Seele in tiefe Gedanken versenkt, er kam sich auf einmal hier so fremde und wie aus sich selber verirrt vor." (R S. 40, Z. 2 ff./HL S. 33, Z. 3 f.).

Interessanterweise wird das Bild vom „versinkenden Abendrot" in der Novelle auch verwendet, hier aber nicht auf den Helden bezogen, sondern auf die Dame: „Als er aber bemerkte, dass dieselbe, bei den indes immer gewaltiger verschwellenden Tönen des Gesanges im Garten, immer bleicher und bleicher wurde, gleich einer versinkenden Abendröte [...], da erfasste ihn ein tödliches Grauen." (R S. 41, Z. 6 ff./HL S. 33, Z. 38 ff.). Es zeigt sich, dass sprachlich

Ähnlichkeiten zwischen den beiden Texten bestehen, auch wenn inhaltliche Unterschiede auszumachen sind.

## Aufgabe 2 ***

**Wie gestaltet Eichendorff das Pygmalion-Motiv in seiner Novelle *Das Marmorbild*? Zeigen Sie dies durch Belege am Text.**

### Mögliche Lösung in knapper Fassung:

Das Pygmalionmotiv findet sich seit den *Metamorphosen* des Ovid (43 v. – 17 n. Chr.) immer wieder in der Literatur. Ursprünglich stellt es dar, dass der Bildhauer Pygmalion eine Elfenbeinstatue erschafft und sich in diese verliebt. Beim Fest der Venus bittet er darum, eine Frau zu finden, die dieser Statue gleicht. Als er nach Hause kommt und die Statue liebkost, erwacht diese zum Leben. Dieser Mythos spiegelt die Schöpferkraft eines männlichen Künstlers. Sind ansonsten nur Frauen in der Lage, lebendige Wesen hervorzubringen, ist es in diesem Mythos ein Mann, der durch seine Schöpferkraft Leben schafft. Er erschafft sich eine Frau „nach seinem Bilde" (vgl. Altes Testament: Genesis 1,27), die exakt seinen Vorstellungen entspricht. Dies ist insofern von Bedeutung, als Pygmalion in der Ausgangslage als Frauenhasser beschrieben wird, der von sexuell zügellosen Frauen verfolgt wurde. Die von ihm geschaffene Frau kann ihm sexuell nicht zur Gefahr werden.

Eichendorff greift Teile dieses Mythos auf und setzt seine eigenen Akzente. Auch bei ihm geht es um die gefährdende Macht der sexuell aktiven Frau. Dies wird vor allem an Ende der Novelle deutlich, als die „schöne Dame" nicht mehr „scheu" und zurückhaltend auftritt (im Gegensatz zu R S. 26 oder S. 30/HL S. 23 oder S. 26), sondern im Gegenteil sexuell provozierend (R S. 38, Z. 1 f./HL S. 31,

GESCHICHTE DES PYGMALION-MOTIVS

Z. 23 f.). Ihr Gegenpol ist Bianka, die bis zum Schluss demütig abwartend ist („in freudiger Demut", R S. 48, Z. 32 f./HL S. 39, Z. 37) und die ihm auch durch ihre Androgynität nicht gefährlich werden kann.

Anders als bei Ovid oder in anderen Bearbeitungen, die sich bis in die Gestaltung einer weiblichen Maschine in der Neuzeit finden, geht es bei Eichendorff überhaupt nicht um die Frage der männlichen Schöpferkraft. Die Statue ist erst dann interessant für den Ablauf der Handlung, wenn sie „aufgeweckt" wird bzw. wenn Florio feststellen muss, dass die von ihm geliebte Frau wieder zur Statue zurückverwandelt wird. Jede Begegnung mit der Statue endet mit dieser enttäuschenden Zurückverwandlung:

→ Beim ersten Mal merkt er, dass er sich wohl getäuscht hat, die Statue ist gar nicht lebendig geworden: „das Venusbild, so fürchterlich weiß und regungslos, sah ihn fast schreckhaft mit den steinernen Augenhöhlen aus der grenzenlosen Stille an" (R S. 16, Z. 22 ff./HL S. 15, Z. 20 ff.).

→ Beim zweiten Mal, nach dem Ball, erinnert ihn das Bild der schönen Dame an das Marmorbild: „Aber ihr Gesicht, das der Mond hell beschien, kam ihm bleich und regungslos vor, fast wie damals das Marmorbild am Weiher." (R S. 31, Z. 26)/HL S. 26, Z. 37 ff.)

→ Beim dritten Mal schließlich werden zwar alle Statuen und Bilder um ihn herum lebendig, die Dame dagegen versteinert: „Da fuhr Florio plötzlich einige Schritte zurück, denn es war ihm, als stünde die Dame starr mit geschlossenen Augen und ganz weißem Antlitz und Armen vor ihm." (R S. 40, Z. 27 ff./HL S. 33, Z. 24 ff.)

Eichendorff fügt der Statuenerweckung außerdem ein Motiv hinzu, das sich in der Tradition sonst nirgends findet: Die Statue erinnert Florio an seine eigene Kindheit und genau das macht sie für ihn so gefährlich, weil sie mit regressiven Gefühlen verknüpft ist: „ihm kam jenes Bild wie eine lang gesuchte, nun plötzlich erkannte Geliebte vor, wie eine Wunderblume, aus der Frühlingsdämmerung und träumerischen Stille seiner frühesten Jugend heraufgewachsen" (R S. 16, Z. 9 ff./HL S. 15, Z. 9 ff.). Hier wird deutlich, dass die Statue deshalb so große Macht über ihn hat, weil sie allein aus seiner Projektion erwachsen ist. Sie hat keine „Seele" wie Bianka (R S. 48, Z. 36/HL S. 39, Z. 40), sondern ist nur die Frucht seiner Fantasien. Hier trifft Eichendorff indirekt also wieder auf das Motiv der männlichen Schöpferkraft, wie es sich seit Ovid durch die Literaturgeschichte zieht. Eine gendertheoretische Deutung der Novelle zeigt demnach, wie es Eichendorff gelingt, die stereotype Geschlechterrollenzuschreibung im Prozess seines Schreibens deutlich zu machen.

### Aufgabe 3 ***

Politik und Poetik: Das Geschichtsbild Eichendorffs.
In seiner autobiografischen Schrift *Erlebtes* (vgl. Textauszug in Kapitel 5. Materialien, S. 102 f.) aus den Jahren 1849–1857 stellt Eichendorff vor, wie er die Entwicklung der deutschen Kultur beurteilt.
a) Geben Sie den Inhalt des Auszugs mit eigenen Worten wieder.
b) Beziehen Sie diese geschichtstheoretischen Aussagen auf die Novelle *Das Marmorbild*. Wo folgt Eichendorff hier seinen eigenen Thesen?

### Mögliche Lösung in knapper Fassung:

a) Immanuel Kant habe sinnvollerweise nur versucht, das, was man empirisch messen kann, zu erklären. Seine Schüler aber hätten sei-

INHALTSANGABE

ne aufklärerische Position missverstanden und auch das mit Vernunft beleuchten wollen, was im Dunklen bleiben solle. Dabei sei eine „Schönmalerei ohne allen Schatten, der doch das Bild erst wahrhaftig lebendig macht", herausgekommen (5. Mat., S. 102, Z. 10 f.). Alles wolle man mit Vernunft erklären, auch „Fantasie", „Glauben", „Volksgefühle" und „Traditionen" und setze diese dunklen Seiten der Welt damit der Zerstörung aus (5. Mat., S. 102, Z. 15 f.). Besonders problematisch sei dies in Deutschland, dessen Kultur „grade auf diesen unsichtbaren Fundamenten vorzugsweise" ruhe (5. Mat., S. 103, Z. 21 f.). Da damit das Fundament dieser Kultur schon vor der Französischen Revolution zerstört worden war, habe Deutschland die Angriffe in Folge dieser Revolution (Kriege, Napoleon) umso härter getroffen. Eine Lösung sei nicht in den zahllosen Versuchen zu sehen, neue Werte zu finden, sondern nur in der Rückkehr zum Ursprung. Diese Lösung gehe allein von den Romantikern aus, die zurückgehen zu den Wurzeln deutscher Kultur.

**BEZUG
GESCHICHTS-
THEORIE –
NOVELLE**

b) Wenn Eichendorff in seiner Beurteilung der Geschichte von einer Rückkehr zu den Wurzeln schwärmt, so folgt er damit der romantischen Nostalgie nach einer Zeit, in der eine traditionelle Ordnung das Leben bestimmte. Diese Vorstellung von der Rückkehr zum Ursprung findet sich auch in der Novelle *Das Marmorbild*. Schon das Setting verweist auf eine vergangene Mittelalter- oder Renaissance-Welt. Auch die nationalistische Kritik an Italien findet sich hier wieder: Bianka, Pietro und Fortunato können demnach als Vertreter „deutscher Werte" von Klarheit, Frömmigkeit und optimistischer Grundstimmung gesehen werden, denen Donati und die Venus als Vertreter antiker, aber auch italienischer Werte gegenüberstehen, die von heidnischem Gedankengut, von dunklen Trieben und irrationalem Denken bestimmt sind.

Hier fällt aber ein Gegensatz zu Eichendorffs theoretischem Text auf, in dem er doch „Fantasie" und das „Dunkle" preist und sie als Teil der deutschen Kultur darstellt („Kein Wunder demnach, dass das deutsche Leben und das deutsche Reich, das grade auf diesen unsichtbaren Fundamenten vorzugsweise geruht", 5. Mat., S. 103, Z. 20 ff.). Hier wird deutlich, dass die Novelle zum einen als Exempel für die romantische Denkrichtung gelesen werden kann, sie andererseits dieser auch widerspricht, indem sie die ansonsten vertretenen Werte umkehrt: So kann Fortunatos Eintreten für die Aufklärung des Spuks, für eine zupackende tagbetonte Lebensweise und für die Vernunft gerade als Ausdruck dieser „Schönmalerei ohne allen Schatten, der doch das Bild erst wahrhaftig lebendig macht" (5. Mat., S. 102, Z. 10 f.) gesehen werden. Die christliche Religion erscheint demnach auch ohne jede Düsternis und könnte damit fast verknüpft werden mit einer vernünftigen Frömmigkeit, wie sie Vertreter der Aufklärer propagiert haben.

Dem ließe sich entgegenhalten, dass Fortunato ja nicht nur ein Gegner von Donati und dem Venuskult ist, sondern auch beteiligt an der Initiation Florios durch diesen Kult. Er lässt ihn erste Erfahrungen mit Erotik machen, was Florio schließlich zu der Venus bringt, er führt ihn zu der schönen Frau, er greift nicht direkt ein, als er erkennt, dass Florio ihr unterlegen ist. Damit ist Fortunato zu vergleichen mit einem toleranten Gott, der dem Menschen seine Fehler machen und ihm die Freiheit lässt, Vernunft und Sinnlichkeit gleichzeitig zu erleben.

Aufgabe 4 *

Analyse des Textauszugs R S. 26, Z. 8 bis S. 28, Z. 24/HL
S. 22, Z. 33 bis S. 24, Z. 25.
a)  Geben Sie den Inhalt des Textauszugs wieder.
b)  Ordnen Sie die Textstelle in das Textganze ein. Welche
typischen Motive finden sich hier?
c)  Analysieren und interpretieren Sie folgende Elemente:
Sprache, Erzählhaltung, Darstellung von Ort und Zeit,
Charakterisierung der Figuren.

## Mögliche Lösung in knapper Fassung:

INHALTSANGABE

a) Die ausgewählten Zeilen erzählen von dem Ball, zu dem Fortunato
Florio eingeladen hat. Hier trifft Florio die schöne Frau wieder, hier
verkleidet als Griechin. Sie entzieht sich ihm, er tanzt mit ihr und
erkennt währenddessen eine Doppelgängerin am anderen Ende des
Saals.

EINORDNUNG

b) Der Ball stellt in der Handlung einen ersten Höhepunkt dar, bei
ihm hofft Florio, die schöne Dame wiederzufinden, die er in einer
der Nächte zuvor getroffen hatte, denn Fortunato hatte ihm verspro-
chen, dass er dort „eine alte Bekannte" wiedersehen werde. Dass
dies auch Bianka sein könnte, kommt ihm gar nicht in den Sinn.
Nachdem er die schöne Dame beim Tanz und allein im Garten gesehen hat, wird er von Fortunato aber zu Bianka gebracht, deren
Namen er zum ersten Mal erfährt, die ihn aber kaum interessiert.
Der Ball ist Auslöser dafür, dass Florio noch tiefer in seine Gefühle
für die Venus hineingezogen wird, sodass er sie am nächsten Abend
in ihrem Palast aufsucht.

Auffällige Motive der Novelle finden sich auch in diesem Ab-
satz wieder: Wie auch an anderen Stellen fühlt sich Florio an seine

Kindheit erinnert oder aber es treffen ihn Personen, die so tun, als
kennten sie ihn, ohne dass er selbst sie einordnen kann. In dieser
Szene ist dies Pietro, der Hausherr, der ihn herzlich als Bekannten
begrüßt, obwohl Florio ihn nicht wiedererkennt („den aber Flo-
rio früher jemals gesehen zu haben sich nicht erinnerte", R S. 26,
Z. 16 f./HL S. 22, Z. 40 f.), – ganz im Gegensatz zu der schönen
Griechin, die betont: „Du kennst mich" (R S. 27, Z. 36/HL S. 24,
Z. 3 f.). Florio meint, in ihr die Venus des Marmorbilds wiederzuer-
kennen. Es ist deshalb wohl auch kein Zufall, dass das Motiv des „Bil-
des" oder der „Schildereien" in dieser Passage so häufig auftaucht
(R S. 26, Z. 30; S. 27, Z. 35; S. 28, Z. 7/HL S. 23, Z. 9; S. 24, Z. 3;
S. 24, Z. 9).

Das Motiv der Erinnerung an die Kindheit wird besonders ex-
plizit in dem Erzählerkommentar: „die Töne tasten zauberisch [...]
nach der Tiefe und wecken alle die Lieder, die unten gebunden
schliefen, und [...] uralte Erinnerungen" (R S. 27, Z. 14 ff./HL S. 23,
Z. 27 ff.). Musik sei in der Lage, verborgene, unbewusste Erinnerungen wieder lebendig werden zu lassen – das ist es ja, was Florio
schließlich vor dem Spuk rettet, als Fortunato ein Lied aus seiner
Kindheit singt.

ANALYSE UND
INTERPRETATION

c) Auch in diesem Auszug fällt die Häufung von Epitheta auf, dabei
finden sich stereotype Zuschreibungen, die auch im Rest der Novelle auftauchen: Besonders zu erkennen ist dies in den Absätzen, die
die Atmosphäre des Festes beschreiben (etwa R S. 26, Z. 20 ff./HL
S. 23, Z. 1 ff.), allein hier finden sich folgende Adjektive gehäuft:
fröhlich, groß, bunt, zierlich, unzählig, kristallen, lustig, lebhaft,
wunderlich, anmutig, tief, schauerlich. Diese Adjektive entsprechen aber dem für die ganze Novelle vorgebebenen Schema: die
„schwül(en)" Rätsel (R S. 27, Z. 23/HL S. 23, Z. 35), die „reizende
Gauklerin" (R S. 27, Z. 34/HL S. 24, Z. 2) – hier droht Gefahr, die sich

aus der heidnischen Sphäre ergibt. Nicht umsonst ist das zierliche Mädchen als Griechin verkleidet.

Es fällt auf, dass Florio in der gesamten Szene als extrem passiv beschrieben wird, er ist nur Beobachter des Festes; auch wenn er sich auf die Suche nach der „niedlichen Griechin" (R S. 27, Z. 24/HL S. 23, Z. 35) macht, erscheint er mehr als Getriebener als ein aktiv Handelnder. Florio ist Fortunato „leichtsinnig auf dieses Meer von Lust gefolgt" (R S. 27, Z. 7/HL S. 23, Z. 21 f.), er lässt sich von „der allgemeinen Lust" anstecken (R S. 27, Z. 21/HL S. 23, Z. 33). Diese Passivität wird besonders deutlich in folgendem Satz: „Florio stand noch still geblendet, selber wie ein anmutiges Bild, zwischen den schönen schweifenden Bildern." (R S. 26, Z. 29 f./HL S. 23, Z. 9 f.)

In diesem Zusammenhang findet sich auch ein häufig erwähntes Motiv der Novelle – das des Wassers. Florio lässt sich von den Wellen treiben: „Sorglos umspülten indes die losen Wellen, schmeichlerisch neckend, den Gedankenvollen" (R S. 27, Z. 9 ff./HL S. 23, Z. 23 f.).

Die anderen Figuren erscheinen nur als Reflexe von Florios Denken oder Schauen und haben kein wirkliches Eigenleben. Sie werden nur äußerlich beschrieben: Pietro als „feiner fröhlicher Mann von mittleren Jahren" (R S. 26, Z. 15 f./HL S. 22, Z. 39 f.) und die schöne Frau sehr viel ausführlicher mit mehrmals einsetzenden Beschreibungen ihrer Schönheit und Anmut (R S. 26, Z. 30 ff.; S. 27, Z. 31 ff./HL S. 23, Z. 10 ff.; S. 23, Z. 42 ff.). Auch sie erscheint aber nur aus Florios Perspektive, sodass der Leser auch nicht weiß, wie er sie einordnen kann: „man wusste nicht, ob schelmisch oder traurig" (R S. 27, Z. 32 f./HL S. 23, Z. 43 f.).

Der Erzähler ist auktorial, dies wird besonders an einer Stelle deutlich, an der er Florios Situation verallgemeinert, was eher untypisch ist, da der Erzähler sich in der Regel mit Kommentaren zurückhält und erst gegen Ende klar Stellung bezieht („Wohl kommt die Tanzmusik, wenn sie auch nicht unser Innerstes erschüttert und umkehrt", R S. 27, Z. 12 f./HL S. 23, Z. 25 f.).

Hier erscheint ein zweites Motiv, das in der Novelle häufig auftaucht: Das der Musik. Diese Musik setzt in dieser Passage dreimal ein und hält dann unvermittelt an: Als Florio in den Saal kommt (R S. 26, Z. 20/HL S. 23, Z. 1), als er diesen Saal auf der Suche nach der Griechin durchstreift (R S. 27, Z. 12/HL S. 23, Z. 26), und als er schließlich mit ihr tanzt (R S. 27, Z. 33/HL S. 24, Z. 1), nimmt er jedes Mal die Musik wahr. Die Musik „hielt plötzlich inne" (R S. 28, Z. 3/HL S. 24, Z. 6), als er die Doppelgängerin erkennt.

# LITERATUR

### Zitierte Ausgaben:

**Eichendorff, Joseph von:** *Das Marmorbild*. Stuttgart: Verlag Philipp Reclam jun., 2018 (Reclams Universalbibliothek Nr. 18539). Zitatverweise sind mit **R** gekennzeichnet.

**Eichendorff, Joseph von:** *Das Marmorbild*. Husum/Nordsee: Hamburger Lesehefte Verlag, 2018 (Hamburger Leseheft Nr. 209). Zitatverweise sind mit **HL** gekennzeichnet.

### Übergreifende Darstellungen:

**Kreuzer, Stefanie:** *Traum und Erzählen in Literatur, Film und Kunst.* Paderborn: Wilhelm Fink Verlag, 2014.

**Todorov, Tzvetan:** *Einführung in die fantastische Literatur.* München: Carl Hanser Verlag, 1972.

### Lektürehilfen:

**Brück, Martin:** *Joseph von Eichendorff: „Das Marmorbild".* Interpretationshilfe Deutsch. Hallbergmoos: Stark Verlag, 2000.

**Freund-Spork, Walburga:** *Joseph von Eichendorff: „Aus dem Leben eines Taugenichts".* Textanalyse und Interpretation. Hollfeld: C. Bange Verlag, 2017.

**Hanß, Karl:** *Joseph von Eichendorff: „Das Marmorbild" und „Aus dem Leben eines Taugenichts".* Interpretationen. München: Oldenbourg Verlag, 1989.

**Mudrak, Andreas:** *Joseph von Eichendorff: „Das Marmorbild".* Lektüreschlüssel. Stuttgart: Verlag Philipp Reclam jun., 2008.

**Regener, Ursula:** *Joseph von Eichendorff: „Das Marmorbild".* Erläuterungen und Dokumente. Stuttgart: Verlag Philipp Reclam jun., 2004.

**Salomon, Lore (Hrsg.):** *Joseph von Eichendorff: „Das Marmorbild".* Reclam XL, Text und Kontext. Stuttgart: Verlag Philipp Reclam jun., 2019.

**Thielecke, Sonja:** *Joseph von Eichendorff: „Das Marmorbild".* Einfach Deutsch. Paderborn: Schöningh Verlag, 2010.

**Allgemeine Darstellungen zur Literaturgeschichte:**

**Bunzel, Wolfgang (Hrsg.):** *Romantik. Epoche – Autoren – Werke.* Darmstadt: Wissenschaftliche Buchgesellschaft, 2010.

**Schmitz, Emans, Monika:** *Einführung in die Literatur der Romantik.* Darmstadt: Wissenschaftliche Buchgesellschaft, 2009.

**Biografien und Gesamtdarstellungen:**

**Bernsmeier, Helmut:** *Joseph von Eichendorff.* Literaturwissen für Schule und Studium. Stuttgart: Verlag Philipp Reclam jun., 2000.

**Korte, Hermann:** *Joseph von Eichendorff.* Reinbek bei Hamburg: Rowohlt Verlag, 2000.

**Schiwy, Günther:** *Eichendorff.* Eine Biografie. München: C. H. Beck Verlag, 2000.

**Schultz, Hartwig:** *Joseph von Eichendorff.* Eine Biografie. Frankfurt am Main: Insel Verlag, 2007.

**Schultz, Hartwig:** *Nachwort.* In: Eichendorff, Joseph von: Sämtliche Erzählungen. Stuttgart: Verlag Philipp Reclam jun., 1990.

**Literatur zu** *Das Marmorbild***:**

**Becker-Cantarino, Barbara:** *„Der schöne Leib wird Stein".* Zur Funktion der poetischen Bilder als Geschlechterdiskurs in Eichendorffs „Marmorbild". In: Labroisse, Gerd; Stekelenburg, Dick van (Hrsg.): Das Sprachbild als textuelle Interaktion. „Amster-

damer Beiträge zur neuen Germanistik", Bd. 45, Amsterdam
1999, S. 123–134; online: http://cf.hum.uva.nl/benaderingenlk/
dui/disc/Becker-Cantarino%20Geschlechterdiskurs%20
in%20Eichendorffs%20 Marmorbild.pdf (Stand September
2019).

**Heimböckel, Dieter:** *„Ein Meer von Stille" oder Von der Ungleichheit des Gleichen. Zum Wiederholungsstil in Joseph von
Eichendorffs „Das Marmorbild".* In: „Aurora". Jahrbuch der
Eichendorff-Gesellschaft, Heft 63, 2003, S. 115–133; online: http://www.goethezeitportal.de/fileadmin/PDF/db/wiss/
eichendorff/marmorbild_heimboeckel.pdf (Stand September
2019).

**Köhnke, Klaus:** *Mythisierung des Eros: Zu Eichendorffs Novelle
„Das Marmorbild".* In: „Acta Germanica". Jahrbuch des Südafri-
kanischen Germanistenverbandes, Heft 12, 1980, S. 115–141.

**Kunisch, Dietmar:** *Joseph von Eichendorff: „Das Marmorbild".
Eine autobiografische Novelle?* In: „Literaturwissenschaftliches
Jahrbuch", Heft 59, 2018, S. 195–208.

**Lange, Carsten:** *Schleier, Schwelle, Zeremonie: Übergangsriten
in Eichendorffs „Das Marmorbild".* In: „Aurora". Jahrbuch der
Eichendorff-Gesellschaft. Heft 68/69, 2008/2009, S. 157–174.

**Lipinski, Birte:** *Pygmalion gespiegelt. Mythos und Künstleri-
magination in Eichendorffs „Das Marmorbild".* In: „Aurora".
Jahrbuch der Eichendorff-Gesellschaft. Heft 68/69, 2008/2009,
S. 103–109.

**Lönker, Fred:** *Nachwort.* In: Eichendorff, Joseph von: Das Marmorbild. Stuttgart: Verlag Philipp Reclam jun., 2015, S. 65-78.

**Nobis, Helmut:** *Kommentar.* In: Eichendorff, Joseph von: Das Marmorbild. Text und Kommentar. Berlin: Suhrkamp Verlag, 2015,
S. 57–138.

**Pikulik, Lothar:** *Kommentar zu „Das Marmorbild".* In: Ders. (Hrsg.):
Eichendorffs Nachtstücke. Die Erzählungen „Das Marmorbild",
„Eine Meerfahrt", „Das Schloss Dürande". Furth im Wald: Vita-
lis Verlag, 2002, S. 216–228.
**Velten, Robert:** *Keusche Madonna – verführerische Venus. Die Frau-
en in Eichendorffs „Marmorbild".* Münster: Kindle Edition, 2012.
**Wiethölter, Waltraud:** *Die Schule der Venus. Ein diskursana-
lytischer Versuch zu Eichendorffs „Marmorbild".* In: Kessler,
Michael; Koopmann, Helmut (Hrsg.): Eichendorffs Aktualität.
Akten des Internationalen Interdisziplinären Eichendorff-
Symposiums. (6.–8. Oktober 1988, Akademie der Diözese
Rottenburg-Stuttgart.) Tübingen 1989, S. 171–202.
**Woesler, Winfried:** *Frau Venus und das schöne Mädchen mit dem
Blumenkranze. Zu Eichendorffs „Marmorbild".* In: „Aurora".
Jahrbuch der Eichendorff-Gesellschaft. Heft 45, 1985, S. 33–48.

Vertonungen:

**Joseph von Eichendorff. Leben und Werk.** Von Dennis Dreher. Gelesen von Wolfgang Schmidt. Darmstadt: Auditorium Maximum
(Wissenschaftliche Buchgesellschaft), 2013.

*Das Marmorbild.* Ungekürzte Fassung. Gelesen von Maria Becker.
Berlin: Der Audio-Verlag, 2016.
*Das Marmorbild.* Gelesen von Ernst-Marcus Thomas. Berg: Andan-
te Media (Hörarchiv-Verlag), 2007.
*Das Marmorbild.* Gelesen von Ingo Hülsmann. Berlin: Argon-
Verlag, 2006.
*Das Marmorbild.* Hörspielfassung und Regie: Gert West-
phal. Musik: Bernd Scholz. Südwestfunk 1954; online:
https://www.youtube.com/watch?v=zwU-0MI9Frs (Stand
September 2019). → Historisches Hörspiel aus dem Jahr 1954.

# STICHWORTVERZEICHNIS